Refletiu a Luz Divina

Norberto Peixoto

Refletiu a Luz Divina

Introdução à Umbanda

1ª edição / Porto Alegre-RS / 2020

Capa e projeto gráfico: Marco Cena
Revisão: Gaia Revisão Textual
Produção editorial: Maitê Cena
Assessoramento gráfico: André Luis Alt

Dados Internacionais de Catalogação na Publicação (CIP)

P379r Peixoto, Norberto
Refletiu a luz divina : introdução à Umbanda. / Norberto Peixoto.
– Porto Alegre: BesouroBox, 2020.
184 p. ; 14 x 21 cm

ISBN: 978-65-737-17-0

1. Religião. 2. Umbanda – teoria - história. 3. Mediunidade. I. Título.

CDU 299.6

Bibliotecária responsável Kátia Rosi Possobon CRB10/1782

Direitos de Publicação: © 2020 Edições BesouroBox Ltda.
Copyright © Norberto Peixoto, 2020.

Todos os direitos desta edição reservados à
Edições BesouroBox Ltda.
Rua Brito Peixoto, 224 - CEP: 91030-400
Passo D'Areia - Porto Alegre - RS
Fone: (51) 3337.5620
www.legiaopublicacoes.com.br

Impresso no Brasil
Novembro de 2020.

Refletiu a Luz Divina
Com todo seu esplendor
Vem do reino de Oxalá
Onde há paz e amor
Luz que refletiu na terra
Luz que refletiu no mar
Luz que veio de Aruanda
Para nos iluminar

Umbanda é paz e amor
Um mundo cheio de luz
É força que nos dá vida
E a grandeza nos conduz

Avante, filhos de fé
Como a nossa lei não há
Levando ao mundo inteiro
A bandeira de Oxalá

Levando ao mundo inteiro
A bandeira de Oxalá

Sumário

Prefácio 9

O que é Umbanda? 13

Origem e história da Umbanda 21

A casa umbandista 33
As sessões públicas de caridade 35
A cobertura espiritual 37
Os elementos 43
Os assentamentos vibratórios 43
As defumações 49
A música, os cantos e toques sagrados 50
As ervas e as folhas 53
Os banhos 55
Os preceitos 60
As consagrações 61
O amaci 62

O mediunismo no terreiro 65
O que é mediunidade? 67
A mecânica de incorporação 68

O que acontece no transe mediúnico? 71
A forma de apresentação dos Espíritos 75
As linhas de trabalho 80
O médium iniciante 88
A corrente mediúnica 92
Os caboclos desenvolvedores 95
Os atributos do médium equilibrado 100
A lição do Preto Velho 103

Os atendimentos espirituais 105
A mediunidade ativa 107
O desenvolvimento mediúnico 110
Os principais tipos de passe 114
Passes a distância, preces e irradiações 121
O médium diante da desobsessão
e dos aconselhamentos individuais 125
Os ensinamentos e as orientações
dos Guias Espirituais 133
Casos verídicos – todo efeito tem uma causa 137

Orixás na Umbanda 143
O que são Orixás, Guias e Falangeiros? 145
Ori – a sede da alma 149
A Coroa Divina – Orixás e Ori 153
Exu: organizador e mensageiro cósmico 158
Os regentes dos elementos planetários 163

**Obras de Norberto Peixoto
utilizadas como referência** 184

Prefácio

O hino da Umbanda, cantado em milhares de terreiros por este Brasil continental, se inicia remetendo-nos à Luz Divina:

Refletiu a Luz Divina
Com todo seu esplendor
Vem do reino de Oxalá
Onde há paz e amor
Luz que refletiu na terra
Luz que refletiu no mar
Luz que veio de Aruanda
Para nos iluminar

Afinal, o que é essa luz?
As tradições espirituais consagradas e fidedignas, seja no Oriente ou no Ocidente, explicam a gênese divina por

meio da luz, ou seja, fomos criados da luz e temos a capacidade de refletir essa luz. Não a de refletirmos como um espelho reflete a luz do Sol, pois nós também somos luz, um pequeno "sol" que ainda precisa ser descoberto, para que o seu facho luminoso rompa a escuridão que o impede de ser percebido no íntimo de cada cidadão planetário. Como diminutas estrelas (almas), fragmentos de uma Estrela Maior que se partilhou amorosamente (Deus), refletimos a luz de nossa origem e, ao mesmo tempo, somos emissores dessa Luz Divina. Todavia, similarmente à luz que está intrinsecamente ligada ao Sol, só existimos por sermos uma expansão da Suprema Consciência Universal.

O Reino de Oxalá é o Reino de Deus e se encontra dentro de cada um de nós. A Umbanda nos ensina, enquanto ciência metafísica de autorrealização espiritual, a nos reconectarmos com a fonte de paz e amor que se reflete em toda a Terra, nos mares, nos céus e no infinito. Aruanda simbolicamente é o reino mais elevado, gerador dessa luz, útero e berçário de todos os Orixás, sagrado prisma que refrata e "rebaixa" essa luz geradora em vários espectros de frequência, plenos de poderes de realização, propiciando, dessa maneira, a vida humana planetária.

Essa luz refratada nos diversos Orixás traz enfeixada consigo um enorme contingente de Espíritos iluminados para nos auxiliar na evolução. São os Mestres Autorrealizados e liberados de quaisquer resíduos de ego, nossos amados Guias que vibram amorosamente para que consigamos nos iluminar, expandir nossas consciências. Assim, chegará o dia de nos libertarmos da cadeia inevitável de sofrimentos em corpos físicos impermanentes, "imposição" do interminável ciclo de reencarnações sucessivas.

De fato, todos os Universos, em seus infinitos alcances cósmicos, inimagináveis em nosso atual estado de entendimento, por suas diversas dimensões e amplitudes de frequências vibratórias, são formados e sustentados pela Luz Divina, que, similarmente ao sêmen que insemina o útero para uma vida humana encarnar, é a "inseminadora" de toda a vida no Cosmos.

É possível em meditação profunda, em estado alterado e superior de consciência amparado por um Mestre Espiritual, se conectar com Deus na "forma" de luz; uma luz "esbranquiçada" e leitosa, por vezes em tons amarelados, opalinos ou lilases, dependendo do espectro de frequência ao qual se sintoniza. Nessas ocasiões, as palavras não conseguem descrever o sentimento de conexão, ou fusão de consciências, e a profunda paz e amor que se sente por todos – momentos de integração com a Totalidade Cósmica.

Concluo que cada variação dessa cor é um Orixá, um espectro da sutilíssima frequência original que foi rebaixada até se fazer sentir por meio de um nome e forma humanizados (deidade), para que nós, humanas criaturas – limitadas, materializadas e densas –, possamos percebê-lo e compreendê-lo. Em verdade, Orixás são caminhos sensoriais válidos para chegarmos até o único Deus, impessoal e livre das formas transitórias. Afinal, a "Mente Divina" preenche todos os nomes e formas aos quais os devotos o cultuam nas diversas religiões e não discrimina nenhuma.

A mente de Deus criou as estrelas e todos os mundos. Assim é a operadora suprema de toda a criação, que mantém unidas as células de nossos corpos físicos e coesos os elementos planetários – o que está embaixo é igual ao que está em cima. Essa maravilhosa consciência que existe em cada partícula de matéria é expansão e obra da onisciência divina, que não precisa de instrumentos para realizar seus objetivos. Nossas pequenas mentes são partes da mente onipotente de Deus. Sob as ondas de nossas consciências está o oceano infinito da consciência divina. A onda individualizada se isola do poder oceânico quando esquece que é parte do mar. A Umbanda nos reunifica e nos reintegra com os poderes divinos dos Orixás e, por meio deles, com Deus.

Escrevi este livro a pedido dos leitores, que repetidamente me solicitavam uma referência de "livro de entrada" de todas as obras publicadas. Não é uma coletânea, mas faz um recorte panorâmico e sintético do conteúdo das obras que escrevi até o momento – citadas nas referências bibliográficas ao final –, servindo de ponte introdutória à Umbanda. Em futuras edições, se necessário, os temas poderão ser atualizados com a chegada de novos títulos. Organizei os saberes num sumário por temas que são mais palpitantes e necessários de serem esclarecidos. Busquei elucidar aspectos velados da Luz Divina, "segredos" ainda muito pouco falados aos "não iniciados" que batem nas portas dos terreiros umbandistas em busca de consolo e alívio de seus tormentos, mas que também demandam esclarecimentos e respostas às suas inquietações existenciais, que são cada vez maiores.

Boa leitura!

Axé, Saravá, Namastê!

Norberto Peixoto

O que é
Umbanda?

O fato de um centro ou templo espiritualista ter escrito em sua fachada o nome "Umbanda", infelizmente, não garante que ela seja praticada ali. Como a Umbanda não tem uma codificação, um livro sagrado, um "papa" ou um poder central que fiscalize as normas de culto, e somos da opinião de que nunca terá, muitas vezes, o consulente que busca conforto e orientação num momento de dor pode encontrar salafrários, usurpadores e sacerdotes venais pela frente dizendo-se de "Umbanda".

É para os que buscam auxílio espiritual pela primeira vez na Umbanda a quem nos dirigimos. Vamos tentar passar algumas dicas para que possam encontrar de fato um templo que reflita a Luz Divina, que não são poucos. Lamentavelmente, muitas são as ervas daninhas no campo da sementeira sagrada, que só se parecem, mas não são pertencentes ao Movimento Astralizado de Umbanda.

Conforme nos orienta Ramatís, as diretrizes que regem a Umbanda são:

1. A Umbanda é a "manifestação do Espírito para a prática da caridade", como disse o Caboclo das Sete Encruzilhadas, o Espírito escolhido e preparado no Plano Astral para fundar e anunciar para os homens a Umbanda no planeta. Portanto, por essa definição, visualizamos o verdadeiro sentido dessa religião: a Umbanda crê num Ser Supremo, o Deus único criador de todas as religiões monoteístas. Os Orixás são emanações da Divindade, como todos os seres criados.

2. O propósito maior dos seres criados é a Evolução, o progresso rumo à Luz Divina. Isso se dá por meio das vidas sucessivas, a Lei da Reencarnação, o caminho do aperfeiçoamento.

3. Existe uma Lei de Justiça Universal que determina, a cada um, colher o fruto de suas ações, conhecida como Lei do Carma.

4. A Umbanda se rege pela Lei da Fraternidade Universal: todos os seres são irmãos por terem a mesma origem, e a cada um devemos fazer o que gostaríamos que a nós fosse feito.

5. A Umbanda possui uma identidade própria e não se confunde com outras religiões ou cultos, embora a todos respeite, fraternalmente, partilhando alguns princípios com muitos deles.

6. A Umbanda está a serviço da Lei Divina e só visa ao bem. Qualquer ação que não respeite o livre-arbítrio das criaturas, que implique malefício ou prejuízo de alguém ou se utilize de magia negativa não é Umbanda.

7. A Umbanda não realiza, em qualquer hipótese, o sacrifício ritualístico de animais nem utiliza quaisquer

elementos destes em ritos, oferendas ou trabalhos. Não há matança (corte), pois sacrificar os irmãos menores, que são filhos de Deus, não é fazer a caridade com Jesus.

8. A Umbanda não preceitua a colocação de despachos ou oferendas em esquinas urbanas, e sua reverência às forças da natureza implica preservação e respeito a todos os ambientes naturais da Terra.

9. Todo o serviço da Umbanda é de caridade, ou seja, jamais cobra ou aceita retribuição de qualquer espécie por atendimento, consultas ou trabalhos. Quem cobra por serviço espiritual não é umbandista.

Essas diretrizes são as praticadas nos genuínos centros refletores da Luz Divina e servem de roteiro para quem almeja entrar em um templo umbandista de fato e de direito. Embora tenhamos variações rituais de um terreiro para outro, os fundamentos da Umbanda são sólidos. Em tendas, templos, centros e casas diversas que realmente são de Umbanda, verificaremos que existe simplicidade, harmonia, humildade e gratuidade; não há cobrança por trabalhos mediúnicos, pois Espíritos benfeitores não precisam de dinheiro ou qualquer barganha, agrado, presentes ou favores.

Locais que se denominam Umbanda, mas não são verdadeiramente, muito pouco se fala em Jesus e nos seus ensinamentos morais, não existe a palavra "caridade", há cobrança pelos trabalhos e sacrifícios de animais, os médiuns tomam bebidas alcoólicas, trabalhos são feitos sem o devido conhecimento das pessoas, há ameaça e medo nos frequentadores, sensualidade, sem hora para começar ou iniciar os ritos, promessas de solução para qualquer problema, entre tantos outros desmandos. Esses locais não podem ser considerados detentores da essência de Umbanda, por isso devemos alertar para a sua periculosidade espiritual. São de baixo teor vibracional, tendem a ser frequentados por Espíritos sem moral (visto que semelhante atrai semelhante), que desrespeitam a Lei de Causa e Efeito, o merecimento individual e o livre-arbítrio das criaturas.

Assim, são estes os três conceitos básicos da Umbanda: não sacrifício animal, gratuidade e respeito ao livre-arbítrio individual, que sua genuína egrégora de Umbanda observa e cumpre. Consideram-se ainda os elencados até aqui: no Universo, tudo está intimamente relacionado com a Lei de Causa e Efeito, numa sequência de ações que desencadeiam reações de igual intensidade; Deus é infinitamente justo e bom, e nada ocorre que não seja Seu desígnio; não existe ocorrência do acaso ou sem uma causa justa; cada evento ocorre de forma natural, planejada e lógica.

Conforme nos orienta Allan Kardec, todas as nossas ações são submetidas às leis de Deus; não há nenhuma, por mais insignificante que nos pareça, que não possa ser uma violação dessas leis. Se sofremos as consequências dessa violação, não nos devemos queixar senão de nós mesmos, que nos fazemos assim os artífices de nossa felicidade ou de nossa infelicidade futura. É importante observar que, para toda ação existe uma reação, todo efeito é consequência de uma causa geradora. Nenhuma entidade de Umbanda desrespeitará isso e gerará efeitos danosos por seus atos.

O merecimento individual tem relação com esforço pessoal e nos acompanha entre as reencarnações sucessivas. Estamos submetidos às mesmas leis naturais ou divinas que estabelecem a colheita livre e a colheita obrigatória; só vamos colher aquilo que merecermos. As leis são iguais para todos, porém, alguns se esforçam mais em obter resultados, e isso se configura em merecimento, direito adquirido.

Nenhum Espírito da Umbanda contrariará o merecimento do indivíduo, proporcionando facilidades para quem não se esforça e/ou fazendo "milagres" por uma simples troca, paga ou barganha. Todos nós temos livre-arbítrio, liberdade de pensar e agir, desde que tenhamos a vontade de fazê-lo. O livre-arbítrio não significa que possamos fazer tudo, doa a quem doer; o meu direito vai até onde começa o direito do outro. Nenhum mentor da Umbanda fará qualquer ato que contrarie o livre-arbítrio individual ou de terceiros com base na solicitação de um indivíduo, que, por sua vez, exercita o seu livre-arbítrio.

A submissão à Lei de Causa e Efeito, o respeito ao merecimento e a preservação incondicional do livre-arbítrio de cada cidadão são as bases as quais a Umbanda se alicerça para praticar a sua magia, fazer a caridade.

Umbanda é paz, Umbanda é amor!

Umbanda é a Luz Divina em ação!

Eu sou a Luz Divina!

Origem e história da Umbanda

O que transcrevo neste capítulo foi baseado em informações verídicas obtidas diretamente de fitas gravadas pela senhora Lilian Ribeiro, presidente da Tenda de Umbanda Luz, Esperança, Fraternidade (TULEF), que contêm os fatos históricos narrados, possíveis de serem escutados na voz de Zélio de Moraes, manifestado mediunicamente com o Caboclo das Sete Encruzilhadas. Em 2 de novembro de 2005, visitei Mãe Zilméia em sua residência, em Niterói, Rio de Janeiro, oportunidade em que também conheci dona Lygia Moraes, respectivamente filha e neta de Zélio. Dei conhecimento a ambas do presente texto, do qual obtive a confirmação sobre sua autenticidade e permissão para divulgá-lo.

No final de 1908, Zélio Fernandino de Moraes, um jovem de 17 anos que se preparava para ingressar na carreira militar, começou a sofrer estranhos surtos, durante os quais se transfigurava totalmente, adotando a postura de um idoso, com sotaque diferente e tom manso, como se fosse uma pessoa que tivesse vivido em outra época. Muitas vezes, assumia uma forma que mais parecia a de um felino lépido e desembaraçado que mostrava conhecer muitas coisas da natureza.

A família do rapaz, residente e conhecida na cidade de Neves, estado do Rio de Janeiro, ficou bastante assustada com esses acontecimentos, achando, a princípio, que o rapaz apresentava algum distúrbio mental repentino. Em razão disso, o encaminhou a um psiquiatra, que, após examiná-lo durante vários dias, sugeriu que o conduzissem a um padre, pois os sintomas apresentados não eram encontrados em nenhuma literatura médica.

O pai de Zélio, que era simpatizante do espiritismo e costumava ler livros espíritas, resolveu levá-lo a uma sessão na Federação Espírita de Niterói, presidida na época por José de Souza, em que o jovem foi convidado a ocupar um lugar à mesa. Então, tomado por uma força estranha alheia à sua vontade, e contrariando as normas da casa, que impediam o afastamento de qualquer dos componentes da mesa, ele levantou-se e disse: "Aqui está faltando uma flor". Em seguida, saiu da sala, dirigiu-se ao jardim e retornou com uma flor nas mãos, que colocou no centro da mesa. Tal atitude causou um enorme tumulto entre os presentes.

Restabelecidos os trabalhos, manifestaram-se nos médiuns kardecistas entidades que se diziam pretos escravos e índios, ao que o dirigente da casa achou um absurdo. Assim, os advertiu com aspereza, alegando "atraso espiritual", e convidou-os a retirarem-se. Após esse incidente, novamente uma força estranha tomou o jovem Zélio e, por intermédio dele, falou: "Por que repelem a presença desses Espíritos, se nem sequer se dignaram a ouvir suas mensagens? É por causa de suas origens e de sua cor?"

Seguiu-se um diálogo acalorado. Os responsáveis pela sessão procuravam doutrinar e afastar o Espírito desconhecido, que desenvolvia uma argumentação segura. Um médium vidente perguntou à entidade: "Por que o irmão fala nesses termos, pretendendo que a direção aceite a manifestação de Espíritos que, pelo grau cultural que tiveram quando encarnados, são claramente atrasados? Por que fala desse modo, se estou vendo que me dirijo a um jesuíta, cuja veste branca reflete uma aura de luz? Qual é seu verdadeiro nome, irmão?"

O Espírito desconhecido respondeu: "Se querem um nome, que seja este: Caboclo das Sete Encruzilhadas, pois para mim não haverá caminhos fechados. O que você vê em mim são resquícios de uma encarnação em que fui o padre Gabriel Malagrida. Acusado de bruxaria, fui sacrificado na fogueira da Inquisição, em Lisboa, no ano de 1761. Mas, em minha última existência física, Deus me concedeu o privilégio de reencarnar como um caboclo brasileiro".

Prosseguindo, a entidade revelou a missão que trazia do Astral: "Se julgam atrasados os Espíritos de pretos e índios, devo dizer que amanhã (16 de novembro) estarei na casa de meu aparelho, às 20 horas, para dar início a um culto em que esses irmãos poderão transmitir suas mensagens e cumprir a missão que o plano espiritual lhes confiou. Será uma religião que falará aos humildes, simbolizando a igualdade que deve haver entre todos, encarnados e desencarnados".

O vidente retrucou com ironia: "Julga o irmão que alguém irá assistir ao seu culto?" Ao que o Espírito respondeu: "Cada colina da cidade de Niterói atuará como porta-voz, anunciando o culto que será iniciado amanhã". Para finalizar, o caboclo completou: "Deus, em Sua infinita bondade, estabeleceu na morte o grande nivelador universal. Rico ou pobre, poderoso ou humilde, todos se tornam iguais perante o desenlace, mas vocês, homens preconceituosos, não contentes em estabelecer diferenças entre os vivos, procuram levar essas diferenças além da barreira da morte. Por que não poderiam nos visitar esses humildes trabalhadores do Espaço se, apesar de não terem tido destaque social na Terra, também trazem importantes mensagens do Além?"

No dia seguinte, na casa da família Moraes, na Rua Floriano Peixoto, número 30, ao se aproximar a hora marcada, estavam reunidos os membros da Federação Espírita, os parentes mais próximos de Zélio, amigos e vizinhos, para comprovarem a veracidade do que fora declarado na véspera, e, do lado de fora, uma multidão de desconhecidos.

Às 20 horas em ponto, manifestou-se o Caboclo das Sete Encruzilhadas, para declarar que, naquele momento, se iniciava um novo culto, em que os Espíritos de velhos africanos escravos e de índios brasileiros, os quais não encontravam campo de atuação nos remanescentes das seitas negras, já deturpadas e dirigidas em sua totalidade para os trabalhos de feitiçaria, trabalhariam em benefício de seus irmãos encarnados, qualquer que fosse a cor, a raça, o credo e a condição social. A prática da caridade, no sentido do amor fraterno, seria a característica principal do culto que teria por base o Evangelho de Jesus.

Desse modo, o caboclo estabeleceu as normas em que se processariam as sessões: os participantes estariam uniformizados de branco, o atendimento seria gratuito e diário. Deu também nome ao movimento religioso, que passou a se chamar "Umbanda", uma manifestação do Espírito para a caridade. A casa de trabalhos espirituais que ora se fundava foi chamada de Nossa Senhora da Piedade, pois, assim como Maria acolheu o filho nos braços, ali também seriam acolhidos como filhos todos os que necessitassem de ajuda ou de conforto.

Ditadas as bases do culto, após responder em latim e alemão às perguntas dos sacerdotes presentes, o Caboclo das Sete Encruzilhadas passou à parte prática dos trabalhos: foi atender a um paralítico, fazendo-o ficar totalmente curado, além de prestar socorro a outras pessoas presentes.

Nesse mesmo dia, Zélio incorporou um Preto Velho chamado Pai Antônio, aquele que, com fala mansa, foi confundido com uma manifestação de loucura de seu aparelho. Com palavras de muita sabedoria e humildade e uma timidez aparente, recusava-se a sentar-se com os componentes da mesa, dizendo as seguintes palavras: "Nego num senta não, meu sinhô; nego fica aqui mesmo. Isso é coisa de sinhô branco, e nego deve arrespeitá". Depois da insistência dos presentes, a entidade respondeu: "Num carece preocupá não. Nego fica no toco que é lugá di nego".

Assim, continuou dizendo outras palavras que demonstravam sua humildade. Uma assistente perguntou se ele sentia falta de algo que havia deixado na Terra, ao que o Preto Velho respondeu: "Minha caximba. Nego qué o pito que deixou no toco. Manda mureque busca". Tal afirmativa deixou a todos perplexos, pois presenciavam a solicitação do primeiro elemento de trabalho para a religião recém-fundada. Pai Antônio também foi a primeira entidade a solicitar uma guia, até hoje usada pelos membros da Tenda e carinhosamente chamada de "Guia de Pai Antônio".

No dia seguinte, uma verdadeira romaria formou-se na Rua Floriano Peixoto. Enfermos, cegos e outros necessitados iam em busca de cura, e ali a encontravam, em nome de Jesus. Médiuns, cuja manifestação mediúnica fora considerada loucura, deixaram os sanatórios e deram provas de suas qualidades excepcionais. A partir daí, o Caboclo das Sete Encruzilhadas começou a trabalhar incessantemente para o esclarecimento, a difusão e sedimentação da Umbanda. Além de Pai Antônio, tinha como auxiliar o Caboclo Orixá Malé, entidade com grande experiência no desmanche de trabalhos de baixa magia.

Em 1918, o Caboclo das Sete Encruzilhadas recebeu ordens do Astral Superior para fundar sete tendas para a propagação da Umbanda. As agremiações ganharam os seguintes nomes: Tenda Espírita Nossa Senhora da Guia, Tenda Espírita Nossa Senhora da Conceição, Tenda Espírita Santa Bárbara, Tenda Espírita São Pedro, Tenda Espírita Oxalá, Tenda Espírita São Jorge e Tenda Espírita São Jerônimo. Enquanto Zélio estava encarnado, foram fundadas mais de 10 mil tendas, a partir das mencionadas.

Embora não tivesse dado continuidade à carreira militar para a qual se preparara, pois sua missão mediúnica não permitiu, Zélio Fernandino de Moraes nunca fez da religião sua profissão. Trabalhava para o sustento da família, e diversas vezes contribuiu financeiramente para manter os templos que o Caboclo das Sete Encruzilhadas fundou, além das pessoas que se hospedavam em sua casa para os tratamentos espirituais, a qual, segundo dizem, mais parecia um albergue. Nunca aceitou ajuda monetária de ninguém; era ordem do seu guia-chefe, embora tivesse recebido inúmeras ofertas.

Ministros, industriais e militares que recorriam ao poder mediúnico de Zélio para a cura de parentes enfermos, vendo-os recuperados, procuravam retribuir o benefício com presentes, ou preenchendo cheques vultosos. "Não os aceite. Devolva-os!", ordenava sempre o Caboclo.

O termo "espírita" foi utilizado nas tendas recém-fundadas porque naquela época não se podia registrar o nome "Umbanda". Quanto aos nomes de santos, era uma maneira de estabelecer um ponto de referência para fiéis da religião católica que procuravam os préstimos da Umbanda.

O ritual estabelecido pelo Caboclo das Sete Encruzilhadas era bem simples: cânticos baixos e harmoniosos – sem utilizar atabaques e palmas –, vestimenta branca e proibição de sacrifícios de animais. Capacetes, espadas, cocares, vestimentas de cor, rendas e lamês não eram aceitos. As guias usadas eram apenas as determinadas pela entidade que se manifestava. Os banhos de ervas, os amacis, a concentração nos ambientes vibratórios da natureza e o ensinamento doutrinário com base no Evangelho constituíam os principais elementos de preparação do médium.

Os atabaques começaram a ser usados com o passar do tempo por algumas das casas fundadas pelo Caboclo das Sete Encruzilhadas, mas a Tenda Nossa Senhora da Piedade não os utiliza em seu ritual até os dias de hoje.

Após 55 anos de atividades à frente da Tenda Nossa Senhora da Piedade, Zélio entregou a direção dos trabalhos às suas filhas, Zélia e Zilméia, continuando a trabalhar com sua esposa, Isabel, médium que incorporava o Caboclo Roxo na Cabana de Pai Antônio, em Boca do Mato, distrito de Cachoeiras de Macacu, no Rio de Janeiro, onde dedicou a maior parte das horas de seu dia ao atendimento de portadores de enfermidades psíquicas e a todos os que o procuravam.

Em 1971, a senhora Lilia Ribeiro, diretora da Tenda de Umbanda Luz, Esperança, Fraternidade (TULEF), gravou uma mensagem do Caboclo das Sete Encruzilhadas que espelha bem a humildade e o alto grau de evolução dessa entidade de luz:

"A Umbanda tem progredido e vai progredir ainda mais. É preciso haver sinceridade, honestidade. Eu previno sempre aos companheiros de muitos anos: a vil moeda vai prejudicar a Umbanda; médiuns irão se vender e serão expulsos mais tarde, como Jesus expulsou os vendilhões do templo. O perigo do médium homem é a consulente mulher; do médium mulher, é o consulente homem. É preciso estar sempre de prevenção, porque os próprios obsessores que procuram atacar as nossas casas fazem com que toque alguma coisa no coração da mulher que fala ao pai de terreiro, como no coração do homem que fala à mãe de terreiro. É preciso haver muita moral para que a Umbanda progrida, seja forte e coesa. Umbanda é humildade, amor e caridade – essa é a nossa bandeira. Neste momento, meus irmãos, me rodeiam diversos Espíritos que trabalham na Umbanda do Brasil: Caboclos de Oxóssi, de Ogum, de Xangô. Eu, porém, sou da falange de Oxóssi, meu pai, e não vim por acaso, trouxe uma ordem, uma missão. Meus irmãos, sede humildes, tende amor no coração, amor de irmão para irmão, porque vossas mediunidades ficarão mais puras, servindo aos Espíritos superiores que venham trabalhar entre vós. É preciso que os aparelhos estejam sempre limpos, os instrumentos afinados com as virtudes que Jesus pregou na Terra, para que tenhamos boas comunicações e proteção para aqueles que vêm em busca de socorro nas casas de Umbanda.

Meus irmãos, meu aparelho já está velho, com 80 anos a fazer, mas começou antes dos 18. Posso dizer que o ajudei a se casar, para que não estivesse a dar cabeçadas, para que fosse um médium aproveitável e que, pela sua mediunidade, eu pudesse implantar a nossa Umbanda. A maior parte dos que trabalham na Umbanda, se não passaram por esta Tenda, passaram pelas que saíram desta casa.

Tenho uma coisa a vos pedir: se Jesus veio ao planeta Terra na humildade de uma manjedoura, não foi por acaso; assim o Pai determinou. Podia ter procurado a casa de um potentado da época, mas foi escolher naquela que poderia ser sua mãe um Espírito excelso, amoroso e abnegado. Que o nascimento de Jesus e a humildade que Ele demonstrou na Terra sirvam de exemplo a todos, iluminando os vossos Espíritos, extraindo a maldade dos pensamentos ou das práticas. Que Deus perdoe as maldades que possam ter sido pensadas, para que a paz reine em vossos corações e nos vossos lares. Fechai os olhos para a casa do vizinho; fechai a boca para não murmurar contra quem quer que seja; não julgueis para não serdes julgados; acreditai em Deus, e a paz entrará em vosso lar. É dos Evangelhos. Eu, meus irmãos, como o menor Espírito que baixou à Terra, porém amigo de todos, numa comunhão perfeita com companheiros que me rodeiam neste momento, peço que eles observem a necessidade de cada um de vós e que, ao sairdes deste templo de caridade, encontreis os caminhos abertos, vossos enfermos curados e a saúde para sempre em vossa matéria. Com um voto de paz, saúde e felicidade, com humildade, amor e caridade, sou e sempre serei o humilde Caboclo das Sete Encruzilhadas".

Zélio Fernandino de Moraes dedicou 66 anos de sua vida à Umbanda, tendo retornado ao plano espiritual em 3 de outubro de 1975, com a certeza da missão cumprida. Seu trabalho e as diretrizes traçadas pelo Caboclo das Sete Encruzilhadas continuam em ação por intermédio de suas filhas, Zélia e Zilméia de Moraes, que têm em seus corações um grande amor pela Umbanda, árvore frondosa que está sempre a dar frutos a quem souber e merecer colhê-los.

A casa umbandista

As sessões públicas de caridade

Uma sessão de caridade é o momento mais importante na Umbanda. Trata-se da assembleia – reunião – religiosa mediúnica com a finalidade de atender aos consulentes que vêm em busca de auxílio e socorro espiritual. O ritual de abertura de uma sessão de caridade umbandista é um dos mais importantes e determina toda a sustentação vibratória magística com os Orixás, que serão fundamentais para a atuação mediúnica dos benfeitores espirituais. Não por um acaso, é um momento ritualizado, que exige disciplina, silêncio e concentração, que devem ser acompanhados de atitudes mentais e disposições emocionais imbuídas da mais alta fraternidade e amor ao próximo. Esse instante antecede – abre – o acesso a um plano suprafísico e atemporal, o qual vai sendo criado e desenvolvido no interior de cada um dos médiuns presentes na sessão, proporcionalmente ao grau de união e uniformidade ritualística que se tenha para esse momento na corrente, objetivando a criação e a sustentação da egrégora pela emanação mental dos componentes da corrente, aos quais os Espíritos do "lado de lá" atuarão "ancorados" para se manifestar por intermédio do canal da mediunidade.

É necessário o esclarecimento costumeiro, repetitivo, pelos dirigentes do sentido mais amplo da abertura dos trabalhos mediúnicos de uma sessão de caridade umbandista, orientando quanto aos seus aspectos esotéricos, metafísicos e transcendentais. É imperiosa a conscientização de todos os participantes dos trabalhos práticos de Umbanda, buscando-se sempre a coesão e a uniformidade da corrente, mantendo-se, assim, a sustentação vibratória pelo intercâmbio mediúnico superior.

Quando o frequentador da assistência está visivelmente desequilibrado, a ponto de mediunizar um obsessor, deve ser fraternalmente retirado do salão e levado para outro local, como, por exemplo, uma "sala" de atendimento fraterno, o que muitas vezes requererá um trabalho mediúnico socorrista desobsessivo. Por isso, todo zelo e cuidado são poucos diante das muitas possibilidades de quebra de corrente, que podem ocorrer antes e durante as sessões de caridade.

Os passes e aconselhamentos individualizados, quando o consulente fica frente a frente com a entidade que está junto ao médium em estado alterado e superior de consciência, o que caracteriza o transe mediúnico, **são aspectos centrais na sessão de caridade umbandista** e nunca devem ser cobrados. A fala resgata o verbo divino em ação, lembrando que costumeiramente Jesus iniciava suas instruções afirmando: **"em verdade vos digo"**.

A cobertura espiritual

O que acontece no plano oculto antes, durante e depois de uma sessão de caridade num terreiro de Umbanda? A organização do rito para recepção da assistência – as pessoas que vêm pedir auxílio no terreiro – tanto mais exige quanto maior for o número de atendidos. A corrente mediúnica deve estar preparada com o quadro adequado de médiuns trabalhadores. Isso é necessário para que se consiga atender a todos os consulentes no prazo, de maneira geral, de no máximo até 4 horas de trabalhos mediúnicos ininterruptos. É imprescindível que todos que comparecem ao terreiro, indistintamente, sejam fraternalmente acolhidos. Os médiuns devem estar harmonizados, tranquilos, com os semblantes suaves e receptivos às queixas que escutarão.

Há de se considerar que tudo o que acontece em termos de ritos e liturgias, procedimentos que organizam e disciplinam a assembleia que será levada a efeito, uma reunião religiosa mediúnica com intervenção dos Espíritos, obviamente tem intensa ligação com o plano espiritual, realidade subjacente à humana, em outra dimensão vibratória. Essa esfera de trabalho, mais sutil que a nossa, é a verdadeira mantenedora e "concretiza" as tarefas caritativas programadas em cada "engira" de Umbanda.

Quando o portão de entrada do centro de Umbanda se abre, já houve uma intensa movimentação espiritual. Muitos dos consulentes se encontram em atendimento sem terem noção disso, independentemente de estarem comparecendo fisicamente pela primeira vez no local. O mecanismo natural do desprendimento do perispírito durante o sono, popularmente conhecido como desdobramento astral, contempla essa possibilidade de intervenção dos Espíritos.

Quando alguém, exercitando sua vontade e seu livre-arbítrio, resolve buscar ajuda mediúnica num terreiro, seu protetor individual, "anjo" ou exu guardião, guia espiritual ou mentor já entrou em comunicação com a cúpula espiritual do agrupamento terreno, e todos os benfeitores se encontram ajustados e trabalhando juntos. O dia "D", de recebimento do passe e aconselhamento, é integrante de um roteiro maior, oculto aos nossos olhos carnais e que exige profundos e complexos mecanismos de manejo de fluidos etéreo-astrais, magnetismo e trânsito em certas zonas densas do umbral.

No momento do encontro com o médium, frente a frente, consegue-se, por vezes, no primeiro contato, uma mudança de padrão vibratório do consulente, propiciando que se afastem os chamados "encostos", Espíritos oportunistas que se vinculam às emanações fluídicas do encarnado, literalmente se encostando à sua aura. O magnetismo das entidades atuantes na egrégora de Umbanda, associado ao ectoplasma dos médiuns, oferece condições favoráveis a um "corte" na imantação que une o "morto" do Além ao vivo da Terra. Assim, um Espírito obsessor pode ser conduzido aos locais de retenção e passagem do Plano Astral mantidos sob a égide da Lei de Umbanda, especialmente se for um assediador indireto, com fome, sede ou cansaço – ligação mais fisiológica com o obsediado –, não necessariamente um ferrenho perseguidor do Astral Inferior e inimigo de vidas passadas.

Imaginemos uma sessão de caridade que atende 200 consulentes. Quantos desencarnados comparecerão? Quais as ordens de trabalho a serem executadas, suas especificidades e alcance dentro da lei de causa e efeito e do respectivo merecimento individual? Como serão feitos todos os socorros? Haverá incursões umbralinas com os médiuns desdobrados antes e durante os atendimentos ou após, quando estarão em sono físico? Até que nível das encruzilhadas vibratórias do umbral será autorizada a intervenção espiritual benfeitora? Teríamos ainda muitas outras perguntas a serem respondidas, o que fugiria a proposta desta obra.

Cabe demonstrar que uma sessão de caridade umbandista é um portal que se abre para o mundo espiritual. Não depende de vontade humana o seu potencial de alcance, mas somente do merecimento de cada cidadão que pede ajuda e, a partir daí, da intercessão dos Guias astrais. Eis que sem mediunidade não existe Umbanda.

Uma agremiação mediúnica umbandista deve reunir as condições básicas indispensáveis, rito litúrgicas, materiais e humanas, morais e éticas, para que os Espíritos benfeitores consigam atuar. Para termos uma ideia melhor da profundidade dos trabalhos num terreiro de Umbanda, uma pálida noção, descortinando parte do véu de obscuridade com que aqueles presos nas exterioridades se fixam, transcreveremos sucintamente um atendimento realizado recentemente, que é ilustrativo e educativo à conscientização de todos nós, no sentido de valorização do serviço mediúnico caritativo.

Foi numa sessão de Exu, com rito de louvação às bombonjiras. Um dia antes, na verdade durante o sono físico da noite antecedente à da sessão de caridade pública, fui desdobrado (retirado) do corpo físico por um Espírito amparador, que realizou magnetismo específico "soltando" meu corpo astral dos respectivos centros de forças – chacras – que o mantinham acoplado ao organismo humano. Sentindo potente influxo vibracional, desloquei-me até a casa de uma consulente idosa, frequentadora do templo, que se encontrava com séria enfermidade, por último fazendo os atendimentos a distância – um familiar comparecia e servia de ponte de ligação vibratória.

Há que se considerar que essa senhora se encontrava hospitalizada com um quadro de insuficiência cardíaca e início de enrijecimento periférico, baixíssima pressão arterial e fraco batimento do coração, apresentando falência dos demais órgãos vitais e, conforme laudo médico, não sairia mais do hospital, ou seja, em estado de iminente desencarne.

Voltemos à sua casa. Vi-me desdobrado à porta de entrada, acompanhado de pequeno agrupamento de bombonjiras, especialmente as Maria Molambo. Rapidamente, elas fizeram uma assepsia no ambiente, atraindo os Espíritos que ali habitavam, entidades oportunistas que se aproveitavam do emocional abalado da paciente para se grudarem à sua aura e vampirizarem seus fluidos vitais gerados pelo metabolismo orgânico, pois sabemos que o citoplasma celular produz ectoplasma.

Esses Espíritos obsessores tinham um líder, que se fazia passar por um bispo. Foram todos deslocados à parte astral do terreiro, que teria uma sessão de caridade na próxima noite, no qual ficariam aguardando para "sofrerem" o choque anímico fluídico com os médiuns, revitalizando-os e fazendo-os despertar da cegueira e do hipnotismo existencial. Ao mesmo tempo, uma das "molambo", adestrada técnica socorrista em ambientes hospitalares, encontrava-se no leito da enferma e procedia uma espécie de punção, pequenos cortes no duplo etéreo, e "sugava" suas partes inflamadas, que haviam infeccionado em decorrência de uma erisipela. A entidade plasmava um potente campo de força com intenso influxo magnético centrípeto, de fora para dentro, atraindo para si uma gosma amarelada, pútrida e malcheirosa, como se suas palmas das mãos fossem dínamos aspiradores. Esse muco fétido, pústulas gangrenadas, escorria de suas mãos pelos braços como se tivesse vida, como se fosse pequeno filamento ou diminutas cobras. Dos antebraços escorriam para baixo e, ao entrarem em contato com sua saia em farrapos, velha e "sebosa" como se mendiga de andrajos vestisse, transformavam-se em raios luminosos coloridos e faziam desintegrar o caldo leitoso e fedorento que escorria para o chão e entrava em uns pequenos ralos, sumindo aos olhos.

Aqui cabe uma pausa no enredo narrado para comentarmos como somos preconceituosos. A forma de apresentação de uma Bombonjira Maria Molambo, que se veste em farrapos como uma andarilha rota de vestes sujas, é uma forma de apresentação que tem serventia como catalisadora de fluidos doentios, dispersando-os, como citado no causo. Nada se perde, tudo se transforma. Por vezes, o que fica e cristaliza em nós são nossos recalques e nossas rejeições, por nos sentirmos mais puros ou evoluídos que os demais. O que vale é o que a "garrafa" tem dentro; o rótulo é pura ilusão.

Ato contínuo, Exu Sete da Lira incorpora no dirigente do terreiro, que se encontra desdobrado com os demais médiuns presentes também fora do corpo físico. Com passos cadenciados, ao som de viola e atabaques da curimba, Seu Sete firma intenso influxo mental dominando o obsessor-chefe, o bispo, fixando no seu campo de visão astral, pelo chacra frontal, sua verdadeira identidade, em conformidade à sua última encarnação. Assim, ele assume suas lembranças mais marcantes, como enganou a esposa e o sogro nos negócios, advindo em seu psiquismo a culpa, e, a partir desse momento, enfraquece seu poder mental. Sem dizer uma única palavra, "só" dançando como dançam os Exus "boêmios" e "malandros", Seu Sete impõe sua ascendência moral e ética sobre o obsessor, que perde o domínio sobre as demais entidades. A partir daí, todos são recolhidos para um local transitório, de refazimento e passagem, onde ficam aguardando o "desembaraço" de seus destinos por aqueles que têm outorga nos tribunais divinos para julgar e estabelecer sentenças cármicas.

Sucintamente, descrevemos como o chefe dos obsessores foi "controlado" por um Espírito com ascendência moral. A intensa força magnética da mandala astral, que é a coroa de irradiação do Exu Sete da Lira, atraiu um grupo de Espíritos obsessores que moravam na casa da consulente, que, por sua vez, estava prestes a desencarnar. Na engira de caridade da noite seguinte, "sofreram" um choque anímico fluídico ectoplásmico, fortalecendo-se e angariando condições de finalmente serem "transportados" para o entreposto socorrista do Hospital do Grande Coração, que dá cobertura astral aos trabalhos do terreiro, neste caso, o Grupo de Umbanda Triângulo da Fraternidade.

Concomitantemente, no hospital, no decorrer da mesma noite da sessão de caridade em que aconteceu tudo isso, próximo às 6h da manhã, desencarna a paciente, tendo seu desligamento final realizado. Assim, com um duplo etéreo "limpo" dos fluidos mórbidos, fruto da degradação orgânica intracelular, seu perispírito pôde ser levado até uma ala do Hospital do Grande Coração. Ficou em observação até o despertamento da sua consciência, enquanto seu combalido e gasto corpo físico recebia os tratamentos para os atos fúnebres que a sociedade terrena exige.

Esse caso é verídico e foi somente um dos mais de 200 atendimentos realizados numa única noite de sessão pública de caridade no terreiro. **Cremos que o que foi esclarecido** até aqui sirva para que nos conscientizemos de que Umbanda é coisa séria para gente séria, para gente que assume tarefas, não medrosa, que passa a vida fugindo, receando a verdadeira e real existência: a espiritual.

Os elementos

Os elementos são tudo o que usamos nos ritos e nas liturgias umbandistas. Entendemos que há duas interpretações básicas: os elementos materiais, como velas, fumo, imagens, Guias etc., e os elementos ritualísticos e litúrgicos, como os toques de atabaques, as palmas, as saudações diversas etc. Importa que os elementos não alterem fundamentos, podendo ser utilizados amplamente dentro da diversidade umbandista. Um elemento altera fundamento quando subtrai o núcleo duro da Umbanda: não cobrar e não sacrificar animais. Logo, se uma casa usa penas de aves em certos adornos rituais e não sacrifica, não alterou fundamento. Simples assim.

Os assentamentos vibratórios

Um assentamento vibratório é um centro ou ponto focal de influência magnética. O valor intrínseco de um assentamento vibratório não está só na sua existência como instrumento ritualístico, mas, acima de tudo, no que ele representa: uma manifestação de fé, um elemento de ligação metafísica e um potente concentrador e dinamizador energético. O principal objetivo de um assentamento é potencializar uma determinada vibração, "materializado" no duplo etéreo dos elementos arrumados e dispostos, devidamente consagrados e ritualizados, criando potentes campos de forças que funcionam como verdadeiros portais, aos quais os Espíritos-Guias transitam se apoiando para se fixarem no espaço sagrado e, ao mesmo tempo, manterem adequadamente o intenso rebaixamento vibratório, que se impõem para se fazer sentir pelos medianeiros por meio da chamada mecânica de incorporação.

Temos diversos tipos de assentamentos vibratórios: o congá (altar), as firmezas e tronqueiras e o cruzeiro das almas.

O congá

É o altar ritualístico onde ficam os símbolos, elementos de irradiação, as imagens etc. É o ponto de maior atração e irradiação do terreiro. Pela sua importância, vamos elucidar sobre os fundamentos e as funções de um congá.

O congá é o mais potente aglutinador de forças dentro do terreiro: é atrator, condensador, escoador, expansor, transformador e alimentador dos mais diferentes tipos de energias e magnetismo. Existe um processo de constante renovação de axé que emana do congá, como núcleo centralizador de todo o trabalho na Umbanda. Cada vez que um consulente chega à sua frente e vibra em fé, amor, gratidão e confiança, renovam-se naturalmente os planos espiritual e físico, numa junção que sustenta toda a consagração dos Orixás na Terra, na área física do templo.

O congá apresenta as seguintes funções:

Atrator – atrai os pensamentos que estão à sua volta num amplo magnetismo de recepção das ondas mentais emitidas. Quanto mais as imagens e os elementos dispostos no altar forem harmoniosos com o Orixá regente do terreiro, mais é intensa essa atração. Congá com excessos de objetos dispersa suas forças.

Condensador – condensa as ondas mentais que se "amontoam" ao seu redor, decorrentes da emanação psíquica dos presentes: palestras, adoração, consultas etc.

Escoador – se o consulente ainda tiver formas-pensamento negativas, ao chegar na frente do congá, elas serão descarregadas para a terra, passando por ele (o congá) em potente influxo, como se fosse um para-raios.

Expansor – expande as ondas mentais positivas dos presentes; associadas aos pensamentos dos Guias que as potencializam, são devolvidas para toda a assistência num processo de fluxo e refluxo constante.

Transformador – funciona como uma verdadeira usina de reciclagem de lixo astral, devolvendo-o para a terra.

Alimentador – é o sustentador vibratório de todo o trabalho mediúnico, pois nele fixam-se no Astral os mentores dos trabalhos que não incorporam.

Todo o trabalho na Umbanda gira em torno do congá. A manutenção da disciplina, do silêncio, do respeito, da hierarquia, do combate à fofoca e aos melindres devem ser uma constante dos zeladores (dirigentes). Nada adianta um congá todo enfeitado, com excelentes materiais, se a harmonia do corpo mediúnico estiver destroçada – é como tocar um violão com as cordas arrebentadas.

Caridade sem disciplina é perda de tempo. Por isso, para a manutenção da força e do axé de um congá, devemos sempre ter em mente que ninguém é tão forte como todos juntos.

As firmezas e as tronqueiras

As firmezas e tronqueiras não deixam de ser assentamentos vibratórios. As tronqueiras, aquelas casinhas nas entradas dos terreiros, têm como finalidade ser um ponto de força de Exu. Ali está firmado um "portal" em que os Espíritos enfeixados na irradiação de Exu trabalham, numa outra dimensão, mas com atuação direcionada para o Plano Físico, de proteção e guarda ao terreiro. Esse ponto de força funciona como um para-raios, é um portal que impede as forças hostis de se servirem do ambiente religioso de forma deturpada.

Os trabalhos espirituais na Umbanda requerem fornecimento de certos tipos de fluidos, para terem uma sustentação vibratória adequada. Os Espíritos que atuam como Exus utilizam-se da volatilização dos elementos dispostos na tronqueira para beneficiar os trabalhos que são realizados dentro do templo. Assim, anulam forças negativas oriundas de magias diversas feitas para o mal, socorrem sofredores, condensam alimentos, medicamentos, roupas e instrumentos diversos em suas intercessões no umbral.

Há um preconceito em relação às tronqueiras porque muitos usam essas firmezas de forma negativa, plasmando verdadeiros portais com organizações trevosas. É relevante esclarecer, mais uma vez, que qualquer procedimento que objetive mal ao próximo não é da Umbanda, e sim de seitas que, muitas vezes, se utilizam do nome da religião.

Qualquer tipo de firmeza é uma conexão mental, um ponto de equilíbrio com o Plano Espiritual. É um ponto focal de direcionamento dos pensamentos, fortalecidos quando os adeptos estão em sintonia com as vibrações das entidades que dão cobertura astral ao terreiro. Ter firmeza interna é necessário a cada médium. Manter-se equilibrado segundo os preceitos determinados pelos Guias e dirigentes. Firmezas podem ser obtidas com pontos de referências físicos magnetizados, como patuás e guias – colares –, ou em pontos riscados, com a colocação de velas, onde a Entidade deixa sua energia, que se dissipará no ambiente ao seu redor, beneficiando assim os que ali estiverem. É verdade que pontos também podem ser de descarrego, mas todos são firmezas que atraem forças magnéticas apropriadas, gerando o benefício dos que ali se encontram ao redor.

Ressaltamos que, mesmo com todo o preparo, por meio de orações, cânticos, banhos de ervas, defumações, passes, preceitos, tronqueiras, assentamentos diversos, tudo isso se torna sem valia se o médium não tiver moral, não procurar seu melhoramento íntimo, não se esforçar na busca do autoconhecimento. O roteiro mais firme no caminho do médium é interiorizar-se e conseguir praticar os ensinamentos do Evangelho, bem como de outros compêndios religiosos doutrinários que conduzem o homem a ser do bem. Quanto mais fizer essa prática, melhor e mais firmeza terá o médium.

O Cruzeiro das Almas

O Cruzeiro das Almas é o local vibrado onde, intencionalmente, não existe piso cimentado recobrindo o chão. Dependendo da casa, pode haver areia de praia, terra preta, terra de cemitério ou terra de formigueiro e até de cupinzeiro. A terra é o elemento telúrico desintegrador por natureza. A terra de cemitério, colhida no Campo Santo – o que não tem nada a ver com terra contendo cadáver em putrefação

–, serve como "liga" vibratória com o Orixá Omulu, o regente e senhor da terra. Ela facilita a conexão vibratória nesse local sagrado e escoa alguns fluidos enfermiços dos duplos etéreos dos atendidos nos terreiros e, ao mesmo tempo, tem serventia como decantador para os Espíritos socorridos, que necessitam do magnetismo telúrico para "sorverem" energias balsamizantes, recompondo seus corpos astrais chagados e descarregando certas enfermidades fluídicas. Já a terra de formigueiro ou cupinzeiro tem finalidade de proteção, sendo um tipo de para-raios que atrai as cargas energéticas demandadas contra a egrégora do terreiro, desintegrando-as.

Na Casa ou Cruzeiro das Almas, o que mais se destaca é uma cruz, simples, geralmente de madeira, variando o tipo de árvore, muitas vezes sendo de aroeira, presa à cruz e pendendo dela; pode-se ter palha da costa ou um rosário de lágrima-de-nossa-senhora, destacando-se sempre um crucifixo de metal. Ocorre que, assim como feito na tronqueira de Exu e no próprio Congá, "enterrado" no chão da casa das almas existe um "fundamento", conjunto de elementos fixos de "firmeza" e "força" do terreiro que são colocados para terem efeito magístico no plano etéreo-físico.

Elementos como água e velas, que não são fixos, e outros, dependendo da tradição de cada terreiro, são trocados de tempo em tempo e dinamizados pelo sacerdote dirigente, ou a quem ele confiar essa tarefa, com palavras propiciatórias, certos cânticos e rezas, que servem de imprecações e encantamentos mágicos por intermédio da utilização da força mental, que, por sua vez, sintoniza com os Espíritos que verdadeiramente movimentam o éter, ou duplo correspondente, dos elementos manipulados.

Geralmente, a Casa das Almas fica posicionada à direita de quem entra no terreiro, à esquerda de quem sai, no local de maior trânsito e passagem de encarnados e, consequentemente, de desencarnados, ao lado da tronqueira de Exu. Ambas servem como um posto astral de triagem, pois nem todos serão autorizados a entrar no terreiro, sendo que alguns, por vezes muitos, ficam retidos nos campos de força de proteção e detenção localizados próximos à porta ou ao portão de entrada, conforme a disposição de cada agremiação.

As defumações

A defumação é uma ritualização que está presente em várias religiões, tais como: o budismo, judaísmo, catolicismo, dentre outras. Na Umbanda, assume finalidades não só de dispersão de fluidos no plano físico, pois os fundamentos da queima das ervas são para sua eterização, fazendo com que os princípios químicos contidos nelas tenham alcance no Plano Astral e nas entidades que estão em tratamento. Tal procedimento deve ser bem observado e adequadamente preparado.

Os efeitos da defumação objetivam sempre a higienização e harmonização da aura dos indivíduos que se encontram no templo e do ambiente, assim como a elevação do tônus psíquico dos presentes. Não utilizamos a queima de ervas para machucar Espíritos, espantá-los e fazer-lhes qualquer dano.

Não se deve utilizar ervas compradas em comércio com resinas químicas derivadas de petróleo. Além de não terem poder magístico, não são recomendadas para a saúde, podendo causar alergias respiratórias, rinites e sinusites. Requer-se o preparo consciente das ervas a serem utilizadas no ritual, desde quando as colhemos, com a permissão do mundo astral, até o momento de utilizá-las. Em seguida, passamos à mistura adequada de ervas, nas proporções necessárias para que se atinja o objetivo esperado, higienização, harmonização ou elevação. No impedimento de colheitas particularizadas com a finalidade única de utilização rito-litúrgica por meio da defumação, deve-se adquirir as ervas verdes ainda, para secarem e serem debulhadas no terreiro, consagrando-as com um rito propiciatório.

O ritual em si da defumação é muito simples. As ervas são colocadas num turíbulo de argila com braseiro. Não recomendamos o uso de qualquer material metálico para acondicionar as ervas secas durante sua queima, pois certas cargas energéticas ficam imantadas no magnetismo peculiar dos metais, principalmente os ferrosos. Durante a defumação, são cantados pontos específicos, verdadeiros mantras que "explodem" a contraparte etérea das ervas, expandindo seus princípios ativos, dinamizando-os e fazendo-os impactar em esferas vibratórias ocultas aos nossos olhos.

A música, os cantos e toques sagrados

A curimba é como denominamos o conjunto de voz e percussão composto pelos três atabaques e demais instrumentos tocados pelos tamboreiros e cantores. Consideramos como música sacra, pois faz parte dos ritos e das liturgias de Umbanda.

Os cânticos que são entoados têm a função de auxiliar na concentração de todos e marcam as fases do ritual, como defumação, abertura, descarga e encerramento. As sonoridades emitidas pelas batidas de tambores podem acalmar ou excitar, ou, de acordo com o jargão peculiar dos terreiros, esfriar ou esquentar. Notadamente, servem para fazer o rebaixamento das ondas vibracionais dos Orixás. A partir disso, os Guias e Falangeiros atuam melhor, "acostando-se" em seus médiuns. Assim, os cantos e toques, quando realizados com entrega e amor, atuam diretamente nos chacras superiores, notavelmente no cardíaco, laríngeo e frontal, ativando os centros de forças correspondentes para a sintonia mental psíquica com os Falangeiros, como também harmonizam os chacras inferiores (básico, esplênico e umbilical), estabelecendo condições propiciatórias à mediunidade de incorporação, que requer abundante exsudação de ectoplasma, sem contudo que seja denso em demasia.

As ondas eletromagnéticas sonoras emitidas pela curimba irradiam-se para todo o centro de Umbanda, desagregam formas-pensamento negativas, morbos psíquicos, vibriões astrais "grudados" nas auras dos consulentes, diluindo miasmas, higienizando e limpando toda atmosfera psíquica para que fique em condições de assepsia e elevação que as práticas espirituais requerem. Assim, a curimba transforma-se em um potente "polo" irradiador de energia benfazeja dentro do terreiro, expandindo as vibrações dos Orixás.

Os cânticos/pontos cantados são verdadeiras orações cantadas, ora invocativas, ora de dispersão, ora de esconjuros, sendo excepcionais ordens magísticas com altíssimo poder de impacto etéreo-astral, concretizando no campo da forma coletiva o que era abstrato individualmente pela união de mentes com o mesmo objetivo, sendo um fundamento sagrado e divino, o que podemos chamar de "magia do som" dentro da Umbanda.

Os pontos cantados são ordens de trabalhos magísticos, com um altíssimo poder de encantamento, pois é um fundamento universal, a "magia do som" dentro da Umbanda, quando o pensamento e a intenção movimentarem o éter pelos cânticos.

Dizem os orientais que o verbo "AUM" é a Vibração Original, a primeira manifestação do Absoluto Indiferenciado, de onde provém todas as demais manifestações concretas nos diversos planos de existência. Se é assim, somos todos filhos desse verbo, desse Som Primordial. Somos som, somos vibração. Vibração esta que reverbera e emite luz, por meio da glândula pineal de cada um de nós. Estamos todos interligados por essa Vibração Original, que nos iguala e nos irmana.

Se é verdade que um diapasão emite som e vibração que fazem com que uma corda musical vibre na mesma frequência e nota musical, então nos parece que o toque da curimba, quando compassado, em uníssono e matizado com as qualidades vibratórias do Orixá – invocado e potencializado pela vontade firme e consciente, com propósito definido pelos curimbeiros e por quem canta o ponto –, por intermédio do deslocamento energético vibratório produzido, sintoniza com nossa própria vibração. Acreditamos que aí ocorrem a harmonização da nossa energia e a vibração pessoal com a do Orixá invocado durante o toque.

Nesse momento, é feito um refinamento dos nossos corpos sutis, como resultado dessa harmonização e pela agregação das qualidades vibratórias do Orixá. Essa sintonia permitirá a cada médium, de acordo com suas peculiaridades e capacidades individuais, harmonizar-se e sintonizar-se com a entidade específica que vem com ele trabalhar, ou mesmo com a própria vibração do Orixá, na medida de sua capacidade de "suportar" essa luz que vem de cima.

A curimba, do ponto de vista mais imediato dos nossos trabalhos, nos leva, no Plano Astral, tão longe e tão forte quanto permitam nossa vontade, nosso propósito definido, sentimento de doação, sem quebra de corrente, matizados e qualificados pela atuação da Espiritualidade. De um ponto de vista mais sutil, é poderoso instrumento de auxílio para ajustar nossa vibração individual com a vibração dos Orixás e das linhas de trabalho que estão atuando naquele momento, capacitando-nos para as atividades mediúnicas, para a doação qualificada de ectoplasma e de energias magnéticas, assim como para nossa lenta, contínua e – é o que se espera – inexorável elevação de nossa frequência vibratória espiritual.

As ervas e as folhas

Se, na Umbanda, nada se faz sem Exu, sem folha, não há Orixá. É de suma importância a utilização do axé verde – prana vegetal – nos rituais umbandistas, e não existe um terreiro que dispense o uso das folhas.

O que faz o fluido vital das plantas, notadamente os contidos nas folhas, que são objeto de maior uso litúrgico nos terreiros, ser dinamizado numa espécie de expansão energética (explosão) e, a partir daí, adquirir um direcionamento, cumprindo uma ação esperada, são as palavras de encantamento, o verbo atuante associado à força mental e à vontade do médium – sacerdote oficiante do rito –, perfazendo, assim, uma encantação pronunciada.

Necessariamente, o princípio ativo fármaco da folha não será o mesmo da intenção mágica que realizou o encantamento, em seu correspondente corpo etéreo. Existem associações de mais de uma planta que acabam tendo efeito sinérgico, por sua vez, diferentemente do uso individual das folhas, que compõem o "emplastro", banho ou batimento. A ligação mágica é feita de elos verbais cantados, a ação terapêutica medicinal associada à ação energética mágica esperada, combinação fluídica vibracional realizada na junção dos duplos etéreos das folhas e adequadamente potencializada pela ação dos Guias Astrais da Umbanda, havendo, por fim, uma ação coletiva: do sacerdote oficiante do rito, dos médiuns cantando e dos Espíritos mentores.

Quanto aos batimentos, as ervas também são usadas na forma de ramas e galhos, que são "batidos" nos consulentes, com o objetivo de desprender as cargas negativas e as larvas astrais que possam estar aderidas a eles. Quando feito pelos médiuns incorporados, geralmente com os Caboclos (mas pode acontecer com outras linhas de trabalho, em conformidade à característica ritual de cada terreiro), o movimento em cruz na frente, nas costas, no lado direito e no lado esquerdo, associado aos cânticos, aos silvos e assobios por meio da magia do sopro e do som, que criam verdadeiros mantras etéreo-astrais, poderosos desagregadores de fluidos, consagram-se potentes campos de forças curadores.

As folhas, depois de usadas, devem ser partidas e despachadas em algum lugar de vibração da natureza virginal, de preferência direto sobre o solo, sem acendermos velas, dispensando-se a necessidade de quaisquer elementos poluidores. No impedimento de assim se proceder, coisa comum nos centros urbanos, onde se localiza a maioria dos templos de Umbanda, simplesmente se deve recolher adequadamente para posterior coleta pública de lixo.

A dinamização do duplo etéreo das folhas tem uma íntima ligação com a palavra falada, que, pelo impulso da vibração do Espírito "acoplado" no médium no transe mediúnico, consegue força suficiente para a alteração da coesão das moléculas das plantas. A partir daí, adquirem uma plasticidade ou capacidade de moldagem etérea adequada. Os Guias Astrais movimentam-nas em novas associações e composições sinérgicas com vários tipos de ectoplasma, utilizando-se, inclusive, dos elementais da natureza, advindo especificidades e indicações ainda desconhecidas dos homens materialistas, obviamente, dentro da necessidade e da fisiologia oculta de cada atendido, na medida certa e adequada a um processo de diagnose que somente os técnicos do "lado de lá", velhos xamãs e quimbandeiros, feiticeiros curadores, podem realizar.

Os banhos

As ervas para os banhos de descarga fluídica, curativos ou desenvolvedores, são eficientes quando receitadas de acordo com o tipo planetário da pessoa necessitada e desde que sejam colhidas sob a influência astrológica e lunar favoráveis. As ervas prenhes de seiva vegetal também estão saturadas de vigoroso potencial magnético e, por esse motivo, produzem efeitos miraculosos, eliminando os fluidos perniciosos aderidos ao perispírito e curando as piores enfermidades.

Existe na seiva vegetal um *quantum* de eletricidade tão comum quanto a que se diz biológica e impregna o corpo humano, a qual provém da própria terra, pois é atraída e concentrada pelo duplo etéreo, exsudando-se ou irradiando-se depois pela aura das plantas, dos animais, das aves e das criaturas humanas. Conforme as influências astrológicas e a ação lunar, essa "eletrização" aumenta, diminui ou fica inativa nos duplos etéreos das plantas.

Em consequência, a colheita deve ser tão hábil e inteligente que se possa aproveitar o máximo de energia "elétrica vegetal" contida na espécie desejada. Assim, quando o enfermo ou necessitado tem a sorte de adquirir ervas supercarregadas de seiva e potencial eletromagnético para fazer seus banhos de descarga ou terapêuticos, ele jamais deixa de obter bom proveito. No entanto, se a colheita for efetuada sob o influxo astrológico e lunar negativo, não há dúvida, tais ervas não passam de inócuos "cadáveres vegetais".

Banhos de descarga

Trata se de um banho mais elaborado e não tão popular quanto o de sal grosso. Seu efeito é mais duradouro, embora não seja tão invasivo. Algumas ervas são dispersivas de fluidos e limpam a aura, desintegrando miasmas, larvas astrais e outras negatividades. Uma erva excelente para esse tipo de banho é a folha de tabaco, na sua falta, usa-se o fumo de rolo macerado.

Banhos de descarrego

Esse tipo de banho talvez seja o mais conhecido. Tem como objetivo a descarga das energias negativas. Em nosso dia a dia, passamos por locais e trocamos energias com várias pessoas. Na coletividade, predominam os pensamentos pesados eivados de irritação e ansiedade. A egrégora que se forma nos locais de aglomeração humana favorece a criação de miasmas, larvas e vibriões astrais que, pouco a pouco, vão se aderindo aos transeuntes e se alimentando de seus fluidos vitais.

Mesmo em constante vigilância, a exposição diária a essa teia de pensamentos deletérios nos faz frágeis, o que torna impossível nos protegermos, dado que, em determinados momentos da rotina diária, nosso padrão mental cai e abrimos a guarda. Os banhos de descarga ajudam a nos livrarmos dessas energias negativas e, basicamente, são de dois tipos: banho de sal grosso e banho de descarrego com ervas.

Banho de energização

É realizado após os banhos de descarrego, restabelecendo o equilíbrio entre as cargas negativas e positivas dos átomos e das moléculas etéreas, componentes dos chacras. É recomendado em dias de trabalho mediúnico, especialmente nas sessões em que o médium se sente cansado após o término. Esse banho pode ser feito por todas as pessoas.

Indicamos um banho fácil de fazer e que pode ser tomado por qualquer pessoa, não causando nenhum mal-estar: pétalas de rosas brancas, amarelas ou vermelhas, alfazema e alecrim.

Banho de fixação

Tem finalidade mediúnica e é velado, fechado, ao público, pois faz parte de rituais internos de magia, iniciação ou consagração. Esse banho é feito por Orixás com as ervas astromagnéticas afins às suas sagradas energias e deve ser conduzido por quem é médium e sacerdote. Objetiva um contato límpido e profundo com os Guias.

Os chacras vibram com similaridade vibratória com o Orixá do neófito que está sendo iniciado ou consagrado para o futuro sacerdócio dentro da Umbanda, tornando a sua mediunidade bem apurada para o ritual. Sendo as ervas manipuladas ligadas ao Orixá regente do médium e, por sua vez, aos Guias que o assistem, são prescritas por genuínos chefes de terreiro, médiuns magistas e de incorporação, que obtêm verdadeira e profunda cobertura espiritual de quem entende do riscado: as Entidades Astrais da Umbanda.

Banho de sal grosso

Bastante utilizado e de fácil realização. O sal grosso marinho trata-se de um ótimo condutor elétrico que descarrega os íons dos átomos com excesso de cargas negativas (ionizados). Atua no duplo etéreo, tirando as energias negativas por um processo de desmagnetização.

Os banhos não substituem a reforma íntima e as boas intenções da alma, que vêm de dentro para fora.

Banho litúrgico é diferente de banho terapêutico

Há que se separar o efeito do princípio ativo farmacológico das ervas verdes do esperado efeito magístico, fruto de palavras de encantamentos afins com certos preceitos energéticos associadas ao manejo dos Guias Astrais e elementais da natureza, que, via de regra, têm uma indicação rito-litúrgica completamente diferente da terapêutica meramente orgânica para a saúde. Quanto ao aspecto oculto, mágico-etéreo da aplicação nos banhos do axé verde, se a seiva estiver sob o influxo lunar negativo, não haverá a necessária e adequada "explosão" etérea do princípio vital, pois estamos lidando com um "cadáver vegetal", assim como um morto humano não levanta e anda. Um banho terapêutico comum sempre tem valia, um banho rito-litúrgico, dentro de um preceito, nem sempre, se não houver a destreza adequada no uso dos elementos a serem usados, em forma de fluidos expansivos com repercussão etéreo-astral.

Fica o alerta: seu banho litúrgico pode estar sendo um placebo ritual, isto é, tem efeito somente orgânico e psicológico. Ocorre que semanalmente tomamos nossos banhos, sobretudo nos dias de trabalho mediúnico, para os quais nos preparamos. Nas cidades, é meio difícil ter a erva natural. Quanto às ervas que compramos desidratadas em floras que vendem de tudo, são um placebo, pois não tem efeito litúrgico e não possuem seiva vegetal e força prânica, não tem axé. Todavia, tem ação terapêutica orgânica, o que já é bastante válido e "quebra o galho". A correria da vida moderna e a falta de tempo têm nos afastado da tradição e dos fundamentos magísticos de encantamento e manejo adequado do axé verde. Erva seca dinamiza, volatiza e é passível de encantamento ou explosão do duplo etéreo se usada na defumação ou nas cachimbadas (fumaçadas). Mesmo assim, não são indicadas essas compradas no comércio, que foram expostas a todo tipo de pensamento e emoção, que profanam e "danificam" a sua utilização para a sacralização em ritos da nossa religião de Umbanda.

Os preceitos

Os preceitos são orientações e diretrizes que devem ser adotadas por todos da corrente mediúnica. São realizados individualmente, conforme orientação particularizada dentro dos fundamentos do terreiro, buscando a harmonia do trabalhador com seu Ori, seus Orixás, Guias e Falangeiros. Por vezes, podemos ficar desequilibrados com certas vibrações que nos envolvem, decorrência de motivos diversos, podendo ser emocionais, assédios, obsessões, entre tantos outros. Temos também os preceitos coletivos, como determinadas regras gerais litúrgicas; resguardo mediúnico, banhos, rezas e interdições. Não se trata de dogmas, mas, sim, de imposições comportamentais que exigem algumas posturas específicas, ações e abstenções voluntárias em benefício da positivação ou negativação de energias e fluidos propiciatórios ao intercâmbio mediúnico.

Fundamentalmente, um preceito tem por objetivo manter equilibrado o fluxo de axé que passa pelos corpos mediadores e chacras do medianeiro, adequadamente sintonizados com sua coroa mediúnica, isto é, seus Orixás regentes, Guias e Falangeiros. Ele tem diversas finalidades, formas e funções: súplica, resguardo, interdição, limpeza energética, agradecimento, firmeza e consagração. Deve ser feito de bom grado e de coração limpo, amoroso e rogativo ao Alto, numa postura de gratidão e de receptividade. Se estivermos vibrando sentimentos negativos, torna-se inócuo, um mero placebo ritual.

Não temos o intuito de aqui dar receitas de preceitos, e sim elencar alguns procedimentos de uso comum, para que o leitor compreenda melhor esse tema:

- **Isenção de sexo, pelo menos 24 horas antes do início dos trabalhos mediúnicos.** Nada temos contra o sexo em si, quando feito com amor. Ocorre que no intercurso sexual existe uma troca energética, e os fluidos do parceiro podem interferir na sintonia com os Guias e Falangeiros.
- Somos favoráveis ao **vegetarianismo**. Aos que ainda são carnívoros, recomendamos abstenção de ingestão de produto animal que dependeu do sacrifício deste, inclusive peixes, no mínimo 24 horas antes do trabalho mediúnico.
- Reforçada **vigilância dos pensamentos** nas 24 horas anteriores ao trabalho mediúnico (evitando sentimentos de ódio, orgulho, inveja, vaidade, dentre outros tão perniciosos aos indivíduos).

As consagrações

O sentido de consagrar é tornar algo sagrado. A consagração é o rito que se estabelece perante a comunidade/terreiro, demonstrando que algo está sendo sacralizado. Para nós, tudo que existe dentro de um terreiro é sagrado, o próprio espaço físico e todos seus objetos. Nesse sentido, a cada reunião, pelos usos e costumes ritualísticos e litúrgicos que se renovam, tudo no raio de ação da assembleia se faz sagrado. Sendo assim, entendemos que o intercâmbio mediúnico é um ato sagrado.

O médium quando é consagrado está reafirmando seus votos de inteira disposição para servir aos Orixás e Falangeiros. É uma demonstração de que alcançou um nível aceitável em seu desenvolvimento, importante para um bom trabalho espiritual. Temos vários níveis de consagração, e o mais popular é o amaci, que é um tipo de batismo e, ao mesmo tempo, uma ação consagradora com o Divino.

O amaci

O amaci é o principal rito coletivo na Umbanda. É um ritual de culto a Ori – cabeça. É um encontro comunal em que louvamos a nossa divindade interna, a nossa essência primeva que nos reporta à massa primordial que fomos feitos, um "pedacinho" de Deus que cada um de nós tem dentro de si. Mais profundo que o amaci só o preceito individualizado com a deitada para os Orixás da regência de Coroa Mediúnica. Falaremos disso mais adiante.

O amaci é um rito de fortalecimento da mediunidade que se dá pela lavagem da cabeça dos médiuns com ervas maceradas e piladas, em que o sumo extraído é devidamente consagrado e propiciatório ao fortalecimento do bulbo raquidiano e da glândula pineal – sede do Espírito e núcleo psíquico da mediunidade. No amaci, nossos abnegados Guias movimentam-se no Astral para darem um carinho, um toque de amor às nossas cabeças. Objetivam fortalecer-nos em nosso propósito de vida, despertando nossas aptidões espirituais.

Nessas ocasiões, sempre falamos à corrente mediúnica que se colocarmos água limpa em um vaso sujo, beberemos água suja. Muito importante conseguirmos um estado de receptividade psíquica adequada à importância desse rito, nos comportando com elevação de sentimentos e pensamentos – antes, durante e depois do rito. É indispensável termos atitudes de caráter condignas com nossos irmãos de corrente e Pai ou Mãe espiritual, assim como sermos honestos em nossos relacionamentos humanos dentro e fora do templo religioso umbandista. Obviamente que, por vezes, certas catarses que antecedem o rito são como limpezas dos vasos sujos. Outras vezes, o vaso está tão sujo que não está em condição de receber, precisando ser afastado e aguardar em atendimento espiritual específico, ao menos momentaneamente, aguardando o próximo rito.

Em termos energéticos, o amaci acontece em 2 momentos principais:

Expansão – momento dinâmico, rápido, de extração e "explosão" etéreo-astral do prana vegetal.

Contração – momento de estabilização, de não ação, de retenção e interiorização do axé recebido.

O primeiro momento é conseguido em comunidade com a participação de todos, por meio da maceração e pilação das folhas, extraindo-se o sumo verde que será sacralizado antes da lavagem das cabeças. O segundo momento ocorre a partir da lavagem de cabeça propriamente dito e prolonga-se por até 72 horas. É individual e intransferível.

No segundo momento, muitos falham, e as energias e os fluidos colocados na cabeça se perdem, não encontram "porosidades", e assim não "entram", não chegam ao Ori – o "núcleo" que envolve o Espírito encarnado e que sustenta a manifestação das ideações, construção de pensamentos e expressão da consciência. A receptividade de cada um de nós se alicerça em como nos comportamos e no que sentimos. Nada adianta sairmos de um amaci e, imediatamente, cairmos na maledicência, na piada chula, nos movermos por desejos mundanos, como gula, cobiça, inveja etc.

Enfim, se bem elaborado, o rito abre caminhos de interiorização. No entanto, nem sempre o caminhante está preparado para caminhar para dentro de si mesmo, pois não se abre. Está impermeável e não é receptivo. Nenhuma valia tem um rito, seus elementos e suas liturgias se o médium internamente não tem a condição necessária de recebê-lo satisfatoriamente.

A aplicação ritualística externa é feita pelo Mentor e seus assistentes, mas a ligação espiritual interna é de cada médium. Se assim não acontecer, o amaci será inócuo e sem efeitos positivos. Todavia, serve como cerimonial externo e convivência fraternal na comunidade, preenchendo as carências emocionais momentaneamente, nesses breves momentos de congraçamento.

O mediunismo no terreiro

O que é mediunidade?

Mediunidade é servir e nunca ser servido. Na Umbanda, é sensibilidade para a tarefa continuada no terreiro, para que se estabeleça a comunicação entre o médium, quem recebe, e os Espíritos, quem emite as mensagens durante os aconselhamentos espirituais. O contato não é feito somente mente a mente como nas hostes espíritas ortodoxas, visto que exige um preparo do tônus vibratório do médium, ajustando chacras e demais centros sutis dos corpos espirituais, notadamente o etéreo e o astral, para a captação mental e sensorial das coisas e fatos do mundo espiritual que nos cerca e nos atinge com suas vibrações psíquicas e afetivas. Não é poder oculto que se possa desenvolver meramente por meio de práticas rituais ou pelo poder misterioso de um "mestre" iniciado. Todavia, se desenvolve e se educa na vivência ritual continuada no terreiro associada ao melhoramento do caráter do medianeiro, consolidado na busca incessante de seu autoconhecimento.

O médium traz consigo a sensibilização antes de reencarnar e terá cobertura dos Ancestrais Ilustres para o cumprimento das tarefas que lhe cabem, roteiro para o seu próprio melhoramento em auxílio aos demais. O tipo mais comum de mediunidade na Umbanda é a popular incorporação, embora a vidência (ver), a audiência (escutar) e a psicofonia (falar) estejam inseridas nas incorporações.

Ao invés do termo "incorporação", preferimos utilizar as expressões "transe" ou "estado alterado e superior de consciência". Pensemos que toda incorporação é um tipo de transe, mas nem todo transe é uma incorporação.

A mecânica de incorporação

Nenhuma entidade é introduzida dentro do corpo físico do médium para se manifestar em transe. Os processos mentais que geram e dão "passagem" ao controle psicomotor do Espírito comunicante, que se apropria das centrais nervosas, são sutilíssimos. Fenômeno que exige "apropriação" de plexos e chacras, ocorre pela aproximação e penetração áurica do corpo astral do Espírito à aura do corpo astral do médium. A incorporação é fluídica e ocorre no nível extrafísico, principia em registros mentais que permitem e disparam os comportamentos inerentes à determinada entidade, que assim controla as funções motoras e psíquicas do médium. Não existe um "apagão", e todo o transe é consciente. Há raríssimos médiuns ativos inconscientes na atualidade.

O médium aspirante adquire a convicção íntima, vivenciada, com os usos e costumes cerimoniais dos terreiros umbandistas, que se utilizam de sugestões – sons, gestos, cheiros e cores –, adesão à comunidade e participação dinâmica de grupo, despertar das emoções, liberação de sentimentos negativos e reintegração emocional, criando sensação de paz, direção e controle do próprio psiquismo. É conduzido em ambientes carregados de emoção positiva que proveem caminhos para "escape", purificação, catarse e alcance do poder de realização pessoal e fortalecimento da vontade.

Não só a incorporação com os Guias astrais serve para o exercício da caridade, auxiliando em amplos sentidos aos que batem na porta dos terreiros buscando ajuda. Notemos que o passar do tempo vivenciando a Umbanda é de grande valia para a catarse dos adeptos, com redução de ansiedades, fobias, recalques e situações psicológicas estressantes, notadamente quando aspectos comportamentais positivos "adormecidos" no inconsciente despertam e se "acoplam" no modo do médium.

Há uma reunificação do ser por meio da conexão com a sua "divindade" interna, o *self*, o Espírito perfeito pleno de felicidade, uma reintegração com o propósito de vida superior da alma.

Essas experiências iniciáticas internas vivenciadas nos terreiros umbandistas, por meio do apoio vibratório das abnegadas entidades espirituais e dos eflúvios divinos que fluem do inconsciente dos medianeiros, permitem o reconhecimento e a instalação do alívio emocional em um ambiente controlado e adequado aos cerimoniais indutores de estados alterados e superiores de consciência – experiências místicas mediúnicas –, com limites precisos para expressá-los adequadamente, dando segurança e sentimento de pertença aos participantes.

Essa liberação de sentimentos reverte a repressão que doutrinas castradoras impõem ao ser, impedindo a naturalidade do movimento do corpo, afinal, o indivíduo nunca é e não pode ser só mental. O ritual engaja o participante em comportamentos que reforçam a conexão e a ligação com o Divino, o sagrado e o sobrenatural do mundo dos Espíritos, que amparam uma comunidade religiosa de Umbanda.

O sentimento de pertencer a uma egrégora ou corrente mediúnica facilita a resposta catártica, por meio da qual as emoções e os ritmos corporais reprimidos são permitidos e podem ser trazidos à manifestação pela consciência alterada, expressando-se naturalmente e sem preconceitos: o brado do Caboclo, a benzedura do Preto Velho, a alegria da Criança, a gargalhada do Exu, a dança dos Ciganos, entre tantas outras manifestações que não reprimem o psiquismo no mediunismo de terreiro.

Diante de tudo o que foi dito até aqui, tentamos demonstrar aos médiuns aspirantes e aos estudantes espiritualistas de todos os matizes que mediunidade na Umbanda não é só deixar os Guias incorporarem. Não se iluda com a profusão de trejeitos, usos e costumes externos, de muitos elementos e acessórios ao intercâmbio mediúnico. Acima de qualquer prerrogativa do ritual litúrgico ou de métodos indutores aos estados alterados de consciência, partem internamente de cada criatura as condições psíquicas à comunicação mediúnica com os benfeitores espirituais.

É como fazer um pão, que, mesmo tendo os melhores insumos, um forno excepcional e um padeiro espetacular, se o fermento não for adequado, não ficará bom. Simbolicamente, cada um deve fermentar dentro de si, elaborando a ligadura que sustentará a mediunidade, sendo tudo o mais acessório, ou seja, necessário, mas não indispensável.

O que acontece no transe mediúnico?

É de suma importância a adesão a um grupo, terreiro, centro, templo ou uma egrégora, para que todas as etapas de construção da manifestação mediúnica equilibrada se concretizem nos médiuns, tanto no aspecto cognitivo quanto afetivo. Essas etapas elaboram o desenvolvimento mediúnico no contexto dos rituais disciplinadores de que a Umbanda se utiliza para os processos de dissociação de consciência, ou transe lúcido – incorporação –, serem eficientes.

O transe lúcido ou incorporação é a "apropriação", por parte da entidade comunicante, do aparelho psicomotor do médium, o que se dá pelo afastamento do seu corpo astral e completa apropriação do seu corpo etéreo pelo corpo astral do Guia ou protetor espiritual. Assim, o corpo físico, o invólucro material que o Espírito do médium habita na presente vida encarnada, fica cedido para a atividade mental das entidades astrais de Umbanda, que assim poderão manifestar-se à vontade. Não ocorre perda da consciência. É preciso desmistificar a inconsciência, que está mais para mito que realidade, como forma de manifestação, na atualidade, do movimento umbandista.

O mais comum na mecânica de incorporação é uma espécie de sonolência letárgica, em que o aparelho mediúnico fica imobilizado em seu poder mental e, consequentemente, na parte motora, tendo, no entanto, semiconsciência de tudo o que ocorre, havendo considerável rememoração após o transe. O Guia ou protetor espiritual não "entra" no corpo do médium, como muitos pensam. O que ocorre é um afastamento do corpo etéreo, sendo este tomado como se fosse um perfeito encaixe.

É fundamental, prontamente, esclarecermos a todo neófito o que seja "incorporação", pois o Espírito do "lado de lá" não provocará um "apagão" em sua mente, apropriando-se do seu corpo físico e, a partir daí, falando e andando como se vivo fosse. Infelizmente, é triste vermos medianeiros antigos, ainda despreparados, omitindo sua consciência e dissimulando para os consulentes, dizendo que são inconscientes. Em verdade, não reencarnam mais médiuns totalmente inconscientes e prepondera no mediunismo umbandista atualmente a chamada "incorporação" pela irradiação intuitiva. O aparelho mediúnico sente as vibrações, percebe os seus Guias, mas fica plenamente desperto e consciente do que se passa pela sua mente. Daí a importância do estudo, que dará a educação e o autoconhecimento necessários para que os sensitivos sejam bons receptores dos Guias emissores do Plano Espiritual.

Então, o que acontece no momento dos aconselhamentos espirituais com o médium em transe lúcido? No momento das consultas espirituais, o templo umbandista está repleto de Espíritos trabalhadores e desencarnados que serão atendidos. Os médiuns com os seus protetores são o ponto central de todos os trabalhos realizados. Como usinas vivas fornecedoras de ectoplasma, aglutinam-se em torno desses medianeiros os técnicos astrais que manipularão os fluidos necessários aos socorros programados. Dependendo das especificidades de cada consulente, movimentam-se as energias afins, por linha vibratória – Orixá – correspondente à necessidade de cada atendido. Ao mesmo tempo, cada Guia atende em determinada função, havendo uma enorme movimentação de falanges que se deslocam onde for necessário, tanto no plano físico como no mundo espiritual, para realizar as tarefas a que estão destinadas e autorizadas.

Nada é feito sem um comando hierárquico e ordens de serviços criteriosas, de conformidade com o merecimento e o livre-arbítrio de todos os envolvidos. A instância superior que dita e detalha a amplitude do que será feito tem recursos de análise criteriosos, que tornam impossível haver equívocos ou erros, mesmo quando há penetração na corrente mediúnica por invigilância dos próprios médiuns.

É indispensável que os médiuns cheguem ao templo umbandista imbuídos do ideal de doação, esquecendo-se de suas mazelas, seus ressentimentos e das pequenas lamúrias do dia a dia. Em verdade, o mais importante aos amigos benfeitores é que nos esqueçamos de nossos problemas pessoais e elevemos os pensamentos ao Alto, entregando-nos com amor às tarefas mediúnicas. Se todos conseguissem isso por algumas horas, uma vez por semana, no momento que se encontram presentes no terreiro, facilitariam enormemente todos os trabalhos, independentemente de ritual ou elementos utilizados.

Há de se esclarecer que a incorporação permite relacionarmo-nos com irmãos espirituais e com eles aprendermos, pois, sem dúvida, sabem mais que nós. Por sua vez, os amigos benfeitores precisam dos médiuns, para, por intermédio deles, ensinar aqueles que vêm pedir auxílio nos terreiros. Com a repetição do "fenômeno" da incorporação, vivenciamos a vibração de cada entidade. Do mesmo modo, com a passividade de nossos sentidos – e por que não do nosso corpo físico? –, vamos educando-nos com as Leis Divinas e, ao mesmo tempo, burilando nosso caráter e adquirindo atributos que nos espiritualizam e nos tornam homens de bem e cidadãos mais amorosos.

Muitos chegam iludidos do que seja realmente a incorporação mediúnica positiva, uma manifestação produtiva, educada e com serventia para os benfeitores espirituais. Ali, um médium sonha com o Caboclo de enorme penacho, poderoso caçador; acolá, um aspirante durante o recebimento de um passe "incorpora" e dança rodopiado até cair desequilibrado e quase bater com a cabeça no chão; lá, uma jovem rola no chão como se fosse uma criança "retardada"; aqui, um médium bebe cachaça, pois, ao contrário, seu "Exu" não "baixa". É plenamente aceitável o movimento corporal no processo de mediunização nos terreiros, bem como a utilização de certos objetos externos que são pontos focais de concentração mental, que, em verdade, servem de referenciais simbólicos aos circunstantes que participam dos trabalhos caritativos nos terreiros sérios e, em muitos casos, até de catalisadores energéticos para os Espíritos atuarem magneticamente no ambiente.

Infelizmente, como nos orienta o mentor Ramatís no livro *Mediunidade de terreiro*,

> [...] há terreiros onde impera a vaidade (para que os médiuns sejam admirados por quem os olha), a indisciplina, a falta de estudo, medrando ali o exagero teatralizado, o animismo descontrolado com práticas fetichistas perdidas no tempo, mantendo as criaturas aprisionadas em nome de falsas raízes. São tradições que precisam ser compreendidas em seus fundamentos profundos e ritualizadas à luz das consciências da presente época, uma vez que a Lei de Evolução Cósmica prescreve a contínua mudança. Do contrário, vocês estariam ainda caçando gnus nas savanas africanas ou búfalos nas pradarias norte-americanas, com flechas e arcos em punho, defendendo-se dos predadores.

Conscientizemo-nos de que mediunidade de incorporação não é brincadeira, é um comprometimento, portanto, exige seriedade. Nenhuma entidade benfeitora, legitimada por direito conquistado para atuar sob a égide da Lei de Umbanda, levará seus médiuns à exposição do ridículo e, muito menos, a desvios morais ou de caráter. Os centros realmente de Umbanda trabalham com ordem, método, organização, disciplina e muita ética.

A forma de apresentação dos Espíritos

Caboclos

Os Caboclos são Espíritos de índios brasileiros, sul ou norte-americanos, que dispõem de conhecimento milenar xamânico do uso de ervas para banhos de limpeza e chás que auxiliam na cura das doenças. São entidades simples, diretas, por vezes altivas, como velhos índios guerreiros. Com sua simplicidade, conquistam os corações humanos e passam confiança e credibilidade aos que procuram amparo. São exímios nas limpezas das carregadas auras humanas, experientes nas desobsessões e nos embates com o Astral Inferior.

Pretos Velhos

Os Pretos Velhos – que podem ser tanto Espíritos de idosos africanos escravizados e trazidos para o Brasil como de negros que nasceram neste solo – são símbolos de sabedoria e humildade, verdadeiros psicólogos do profundo conhecimento dos sofrimentos e das aflições humanas. A todos, esses Espíritos missionários consolam amorosamente, como faziam antigamente, inclusive nas senzalas após longo dia de incansável trabalho físico.

A infinita paciência em ouvir as mazelas e as lamúrias dos consulentes faz dos Pretos Velhos as entidades mais procuradas nos terreiros. Assim como os Caboclos, usam ervas em suas mandingas e mirongas. Suas rezas e invocações são poderosas. Com suas cachimbadas e fala matreira, espargem fumaça sobre a pessoa que está recebendo o passe e higienizam as auras de larvas astrais e energias negativas.

Com seus rosários e grande amor, são notáveis evangelizadores do Cristo, tendo "facilidade" em doutrinar os obsessores que acompanham os consulentes. Demonstram que não é o conhecimento intelectual ou a forma racial que vale no atendimento caridoso, e sim a manifestação amorosa e sábia, de acordo com a capacidade de entendimento de cada filho de fé que os procuram.

Crianças

As crianças nos trazem a alegria e o poder da honestidade, da pureza infantil. Aparentemente frágeis, têm muita força na magia e atuam em qualquer tipo de trabalho. Essa vibratória serve também para elevar a autoestima do corpo mediúnico, após atendimentos em que foram transmutados muita tristeza, mágoa e sofrimento. É muito bom ir para casa, depois de uma sessão "puxada" no terreiro, impregnado da alegria inocente das crianças.

Africanos

Muitas entidades se apresentam como africanas na Umbanda. São Falangeiros de Ogum, Xangô, Oxóssi e dos demais Orixás (conceituaremos o que são Orixás mais adiante), que, juntamente com os Caboclos, atuam na egrégora dos terreiros para fazer a caridade. É preciso dizer que a forma de apresentação dos Espíritos não altera o fundamento, pois, infelizmente, ainda é grande, mesmo dentro da Umbanda, o preconceito com tudo o que remete à África. Inclusive, em determinada época de nossa história, houve a tentativa de "desafricanizar" a Umbanda, que falhou e, atualmente, está cada vez mais enfraquecida.

Nesse contexto, certa vez, tivemos uma experiência marcante com os Falangeiros dos Orixás, notadamente com o do Orixá Nanã. Antes de fazermos o primeiro rito interno de firmeza do congá, reunindo todos os demais médiuns, tínhamos acabado de realizar, com auxílio somente de mais três médiuns, a consagração da tronqueira de Exu – campo de força de proteção onde se apoiam do Astral as entidades guardiãs do terreiro. Ao chegar à minha residência, caí imediatamente em transe profundo, inconsciente no corpo físico, mas consciente em desdobramento astral. Vi-me em Corpo Astral num barracão enorme de madeira. Tinha uma pequena cerca que separava o terreiro propriamente dito da assistência e de um outro espaço onde ficava a curimba – atabaques. O local onde as pessoas ficavam tinha vários bancos feitos de tábuas e, atrás, uma espécie de arquibancada de três a quatro lances. Eu estava em pé no meio do terreiro, de chão batido, quando se abriu uma porta na frente e começou a entrar um séquito de Espíritos africanos paramentados como Orixás, todos nagôs, com suas vestimentas típicas, cores e adornos peculiares. Eles vieram ao meu encontro dançando, um a um, e formaram uma roda a minha volta. Por último, entrou Nanã, impecável em sua vestimenta ritual azul-clara, feita tipo uma seda bordada em detalhes roxos, ficando sentada ao fundo numa cadeira de encosto alto com o seu ibiri – instrumento ritual – na mão.

Ficou evidente a ascendência de Nanã sobre os demais Orixás – Espíritos presentes. Houve uma comunicação em pensamento na minha tela mental sobre meu compromisso com a forma africana de culto e louvação aos Orixás na Umbanda, em conformidade com sérios compromissos ancestrais, confirmado pelo encontro astral: Nanã, sentada no espaldar alto, de semblante austero e suave, sendo saudada pelos demais Orixás. Em reverência respeitosa, a saudei.

Voltei do transe sonambúlico, "acordando" no corpo físico com a convicção de que Nanã foi a "fundação" do terreiro, como se esse Orixá fosse – e é – o alicerce e a fundação da comunidade umbandista, uma casa de caridade construída, e Oxóssi, o regente do congá, fosse o telhado e as paredes.

Agradeço ao Criador pela assistência dos Espíritos que se apresentam na forma africana. Assim, vamos gradativamente resgatando nosso passado ancestral e nos reequilibrando diante das Leis Divinas.

Orientais

Os Orientais apresentam-se como hindus, árabes, marroquinos, persas, etíopes, chineses, egípcios, tibetanos, trazendo-nos conhecimentos milenares. São Espíritos que encarnaram entre esses povos e que ensinam ciências "ocultas", cirurgias astrais, projeções da consciência, cromoterapia, magnetismo, entre outras práticas para a caridade que não conseguimos ainda transmitir em palavras. Por sua alta frequência vibratória, criam poderosos campos de forças para a destruição de templos de feitiçaria e de magias negativas do passado, libertando Espíritos encarnados e desencarnados. Incentivam-nos no caminho da evolução espiritual, por meio do estudo e da meditação; conduzem-nos a encontrar o Cristo interno, por meio do conhecimento das leis divinas aplicadas em nossas atitudes e ações; atuam com intensidade no mental de cada criatura, fortalecendo o discernimento e a consciência crística.

Ciganos

Os Ciganos são Espíritos ricos em histórias e lendas. Foram nômades em séculos passados, pertencentes a várias etnias. Em grande parte, são do antigo Oriente. Erroneamente são confundidos com cartomantes ociosas de praças públicas que, por qualquer vintém, leem as vidas passadas. São entidades festeiras, amantes da liberdade de expressão. Destacam-se como excelentes curadores, trabalham com fogo e minerais, cultuam a natureza e apresentam completo desapego às coisas materiais. São alegres, fiéis e ótimos orientadores nas questões afetivas e dos relacionamentos humanos. Utilizam comumente nas suas magias moedas, fitas e pedras, perfumes e outros elementos para a caridade, de acordo com certas datas e dias especiais sob a regência das fases da lua.

Outras formas de apresentação dos Espíritos

Quantos às demais formas de apresentação das entidades na Umbanda, entendemos que fazem parte da diversidade regional deste enorme país, estando de acordo com os agrupamentos terrenos. Por exemplo: os Boiadeiros pertencem a uma falange de Espíritos que estão ligados às regiões Nordeste, Sudeste e Centro-Oeste, de economia fortemente baseada na agropecuária; os Marinheiros manifestam-se mais intensamente nas regiões litorâneas que dispõem de portos, como o Rio de Janeiro, por exemplo; os Baianos, no Sudeste, com ênfase para o estado de São Paulo, onde sempre foi intensa a migração de nordestinos. Isso ocorre porque a Umbanda é um movimento religioso mediúnico de inclusão e, como tal, propicia a manifestação de todas as formas e raças espirituais, segundo o compromisso cármico assumido entre encarnados e desencarnados.

As linhas de trabalho

Não devemos confundir as linhas de trabalho com os Orixás. Um mesmo Orixá pode ter sob sua irradiação mais de uma linha vibratória de trabalho. Até hoje, desde o surgimento da Umbanda, em 1908, não se chegou a um consenso sobre quais sejam as linhas. Muito se fala em sete linhas de Umbanda, mas somos da opinião que é mais do que esse número. Observemos que, ao longo do tempo, não somente a compreensão do que sejam as linhas como também o número delas foi se alterando, pelo fato de a Umbanda ser uma religião de inclusão. Nada é rígido no Cosmo e, obviamente, não o é na Espiritualidade Maior. Não podemos conceber o movimento astral de Umbanda, altamente dinâmico, como algo engessado símile a um quartel com organograma fixo.

O exemplo clássico disso são as Linha dos Baianos e dos Malandros, que foram introduzidas ao mesmo tempo do crescimento da Umbanda no meio urbano das grandes cidades do centro do país, como São Paulo e Rio de Janeiro. É uma característica regional que ganhou espaço no imaginário umbandista e, consequentemente, na sua contraparte espiritual, abrigando muitas entidades afins. Assim surgiram os Boiadeiros nas regiões Centro-Oeste e Norte, os Cangaceiros na região Nordeste e a Linha dos Marinheiros nas grandes cidades litorâneas – nada mais natural pelo tamanho da costa marítima que temos e da importância que os portos e o comércio aduaneiro tiveram na história recente do crescimento econômico brasileiro.

A Umbanda, por ser uma religião de inclusão, adapta-se às diversas regiões geográficas do país, aproximando-se melhor das consciências que moram nesses locais com o intuito de, pela sintonia, fazer a caridade, numa linguagem adaptada à compreensão do senso comum vigente.

Após essas conceituações, vamos elencar a seguir as principais linhas de trabalho da Umbanda.

Linha de Oxalá

Talvez seja a linha de vibração mais sutil e que se condensa em todas as demais. Em nossa opinião, as entidades do Oriente fazem parte dela, que também pode ser considerada como uma linha de trabalho independente, que abriga as entidades ancestrais de antigas tradições curadoras, inclusive pajés indígenas e babalaôs africanos. São exímios na área de saúde e esclarecimento de pontos de doutrina.

Linha das águas ou Povo d'água

Essa linha atua, principalmente, na irradiação de Iemanjá e Oxum, representando o poder feminino da gestação e maternidade. Está ligada aos pontos de forças da natureza das águas doces e salgadas, e suas manifestações são suaves, representadas pelas Caboclas. Tem influência sobre o emocional, apaziguando os ânimos, levando as tristezas, reequilibrando os chacras, trazendo calma e tranquilidade.

Linha de Xangô

Os Caboclos que atuam com as forças energéticas das pedreiras, montanhas e cachoeiras apresentam-se nessa linha. São os senhores da lei, da justiça, guardiões do carma (Lei de Ação e Reação), procuradores dos tribunais divinos.

Linha de Ogum

O Orixá Ogum rege os Caboclos que atuam na sua vibratória. Aqui cabe relembrar que a forma de apresentação espiritual de Caboclo prepondera, mas não é a única. Muitas entidades apresentam-se enfeixadas na irradiação de Ogum como africanas, indo-chinesas e até antigos samurais. São os vencedores que combatem as demandas, os guerreiros místicos, os mediadores das lutas nos choques cármicos, enérgicos, ativos, vibrantes e decididos.

Linha de Oxóssi

Essa vibratória significa ação envolvente, e nela Jesus pregava usando a oralidade. São os grandes comunicadores da Umbanda, ou seja, os pescadores de almas, caçadores que acertam na doutrina, esclarecendo as consciências como flechas certeiras. São exímios aconselhadores, invocando as forças da Espiritualidade e da natureza, principalmente as das matas. Essa linha é famosa por ser a linha da grande maioria dos Caboclos. As matas, especialmente, têm a ação de Oxóssi, que no processo de "umbandização" dos Orixás absorveu os atributos de Ossain, originalmente o Orixá das folhas, regente da seiva vegetal ou axé verde. Assim, na Umbanda, Oxóssi é o conhecedor das ervas e o grande curador.

Linha das Crianças ou Ibejis – Erês

Cremos que essa é a linha vibratória mais sutil da Umbanda. Espíritos que se apresentam como Crianças chamam-nos a atenção quanto à pureza da alma, necessária para a libertação desse ciclo de reencarnações sucessivas. Não por acaso, Jesus dizia: "vinde a mim as criancinhas", ou seja, o estado de consciência crística é semelhante à "pureza" e inocência dos pequeninos. As crianças da Umbanda "quebram" a nossa rigidez, fazem cair nossas máscaras e couraças do ego que disfarçam realmente quem nós somos. Ensinam-nos a sermos menos sisudos e a importância da alegria, do lúdico e da leveza na existência humana, indispensáveis para que não deixemos morrer nossa criança interna.

Certa vez, disse-nos um Preto Velho que onde uma Criança pisa não tem feitiço que resista e obsessor que não se amanse. É a mais pura verdade, pois é exatamente isso que ocorre quando as Crianças "descem" em seus médiuns. Essas entidades utilizam-se muito pouco de elementos materiais e, por vezes, de doces e guaranás, que são imantados com suas vibrações e servem como catalisadores das energias curativas – e cada um recebe proporcionalmente à sua necessidade individual.

Linha das Santas Almas do Cruzeiro Divino

São os nossos amados Pretos Velhos, Bentos e Bentas, que vêm por meio de suas mandingas e mirongas nos trazerem conforto, consolo e orientação. Com suas atitudes humildes, incentivam-nos a perdoar e a sermos mais perseverantes e menos sentenciosos perante a vida. São exímios benzedores, curando os mais diversos tipos de enfermidades. Com suas rezas, poderosas imprecações magísticas, movimentam os fluidos mórbidos que são desintegrados pela força de "encantamento" de suas palavras.

Linha dos Ciganos

Os Ciganos na Umbanda trabalham, principalmente, nossa liberdade, fazendo-nos conectar com a fonte cósmica de abundância universal. Temos muita dificuldade, pelas doutrinas castradoras que confundem pobreza de espírito com miséria material, de exercitarmos e nos concedermos o direito de auferirmos prosperidade em nossas vidas. Há que se esclarecer que a "Magia do Povo Cigano", ou "Magia Cigana", popularmente conhecida quase nada tem a ver com as Entidades de Umbanda que se manifestam nessa linha de trabalho. Os Espíritos atuantes na religião nessa linha trabalham sob o domínio da Lei Divina e dos Orixás, conhecem magia como ninguém, mas não vendem soluções mágicas ou adivinhações. São exímios curadores, trabalham com a energia dos cristais e a cromoterapia. A linha dos Ciganos nos traz um axé – força – para abundância, fartura espiritual e prosperidade em nossas vidas.

Linha dos Marinheiros

A Linha dos Marinheiros está ligada ao mar e às descargas energéticas. A descarga de um terreiro deve ser feita sempre ao final dos trabalhos caritativos. No caso específico do Grupo de Umbanda Triângulo da Fraternidade, não temos aconselhamentos públicos com essa vibratória. Os marinheiros, adestrados psicólogos, conhecem profundamente a hipocrisia humana. Espíritos calejados que viajaram e conheceram muitos países ao redor do mundo, são ecléticos e versáteis, nos ensinando a ter mais "jogo de cintura". Simbolicamente, educam-nos a ficar em pé mesmo com o sacolejo do navio, lembrando-nos que filho de fé balança, mas não cai.

São exímios destruidores de feitiços, cortam ou anulam todo "embaraço" que possa estar dentro de um templo, ou próximo aos seus médiuns trabalhadores. Infelizmente, muitos interpretam mal essa linha. Ou o que é pior, são mistificados por Espíritos beberrões que comparecem nos trabalhos para se embriagarem, sorvendo os eflúvios etílicos de seus médiuns. Muitas casas deixam correr livres as bebidas alcoólicas, o que não tem nenhuma ligação com a genuína Umbanda, uma vez que o beber mediunizado é um fato gerado pela incúria de dirigentes e médiuns despreparados.

Linha dos Boiadeiros

Os Boiadeiros são entidades que trabalham de forma muito parecida com os Caboclos Capangueiros de Jurema, são aguerridos, valentes, representam a natureza desbravadora, romântica, simples e persistente do homem do sertão, o "caboclo sertanejo". São os vaqueiros, boiadeiros, laçadores, peões e tocadores de viola. O mestiço brasileiro, filho de branco com índio, índio com negro etc. Por outro lado, também são "semelhantes" aos Pretos Velhos, pois representam a humildade, a força de vontade, a liberdade e a determinação que existe no homem do campo e sua necessidade de conviver com a natureza e os animais, sempre de maneira simples, mas com muita força e fé.

Podem ser regidos tanto por Oxóssi quanto por Iansã, pois têm muita autoridade de conduzir os Espíritos sofredores – seus laços são campos de força de retenção no astral – da mesma forma que conduziam as boiadas no campo quando encarnados.

Linha dos Malandros

A Umbanda, sendo uma religião de inclusão, dá abertura a todos para fazer a caridade. Os Espíritos da Linha dos Malandros são oriundos dos grandes centros urbanos, notadamente o Rio de Janeiro. São cordiais, alegres, foram músicos, compositores, poetas, escritores, boêmios, dançam gingado quando incorporam e se apresentam usando chapéus ao estilo Panamá, e sua tradicional vestimenta é calça branca, sapato branco (ou branco e vermelho), terno branco, gravata vermelha e bengala. Ensinam-nos, principalmente, a ter flexibilidade na solução de problemas ou situações difíceis para "driblar" os desafios da vida nas metrópoles.

Assim é o malandro: simples, amigo, leal, camarada e verdadeiro. Nunca se deixam enganar e desmascaram sem cerimônia a hipocrisia e a mentira. Apesar da figura folclórica do malandro urbano, de jogador e preguiçoso, são Espíritos trabalhadores, benfeitores e detestam que façam mal ou enganem as pessoas. Demonstram grande capacidade espiritual para desamarrar feitiços e desmanchar trabalhos feitos, tendo habilidades e conhecimentos suficientes para desembaraçar conflitos interpessoais no campo dos relacionamentos afetivos, notadamente quando as vítimas foram "magiadas".

Linha dos Baianos

De modo geral, os Baianos na Umbanda são Espíritos alegres e um tanto irreverentes. Possuem grande capacidade de ouvir e aconselhar, conversam com calma e nunca se apressam, falam baixo e mansamente, são fraternais e passam segurança aos consulentes. São os Espíritos responsáveis pela "esperteza" do homem em sua jornada terrena, uma vez que vieram para a cidade grande e venceram todas as vicissitudes, muitas vezes trabalhando arduamente como braço operoso na construção civil.

No desenvolvimento de suas giras, em terreiros que fazem sessões públicas com essa linha, os baianos deixam como mensagem principal o ensino para saber lidar com as adversidades do dia a dia, enfatizando a alegria, a flexibilidade e a brincadeira sadia. Dessa forma, descomprimem o psiquismo pesado dos consulentes, deixando-os à vontade e descontraídos na frente de um médium incorporado com um baiano.

Muitos desses Espíritos foram descendentes de escravos que trabalharam no canavial e no engenho, o que significa que foram iniciados nas religiões de matriz africana, tendo um conhecimento muito grande de ervas e magia. Espíritos calejados, são habilidosos nos desmanchos de feitiçarias diversas e preparados para as demandas energéticas que ocorrem no Astral.

O médium iniciante

Umbanda não é uma religião de conversão, que busca cooptar adeptos para a sua doutrina. É impossível encontrarmos uma genuína entidade que faça parte do movimento umbandista no Plano Astral dizer que esta ou aquela religião é a mais verdadeira, muito menos exigir que se deva entrar numa determinada confissão religiosa, culto, igreja, doutrina ou seita. O caráter respeitoso se encontra em todos os terreiros, e podemos verificar na assistência a diversidade e a mistura, com todos sentados lado a lado democraticamente. A premissa de abordagem religiosa umbandista parte do pressuposto de aceitação incondicional da fé do consulente, daí direcionando-o à compreensão das leis cósmicas, que valem para todas as religiões da Terra.

O trânsito inter-religioso no universo dos terreiros é intenso. Muitos saberes circulam desde a assistência até os médiuns incorporados com seus guias, e muita ajuda é pedida para outras comunidades, num saudável encontro ecumênico, convergente e universalista. Neste ir e vir, algumas pessoas vão se tornando assíduas no terreiro, escutando palestra, ouvindo os aconselhamentos, recebendo os passes magnéticos, enfim, beneficiando-se de todo o amor que a Umbanda oferece.

Há uma parcela que recebe um chamamento de seu interior, seja por uma forte emoção de sentir no âmago de suas almas "aqui é o meu lugar", seja por serem médiuns e virem irromper abruptamente os canais de comunicação com o mundo dos Espíritos. Esse é o público eletivo que se fixa nos terreiros, uma minoria, se comparado à multidão que só busca a Umbanda em momentos de sofrimentos. A maioria apazigua seu psiquismo, cicatriza suas chagas e nunca mais aparece, ou, ao menos, até uma próxima oportunidade de auxílio, podendo continuar em suas igrejas, centros espíritas ou filosofias de livre escolha, sejam elas quais forem, não importando à Umbanda suas procedências, e sim o melhoramento que cada um vai galgar.

De maneira geral, cada terreiro tem suas normativas, mas podemos afirmar que há médiuns não "educados" que frequentam sua assistência, variando o tempo de um terreiro a outro, até que chega o momento que uma das entidades manifestadas durante o aconselhamento espiritual orienta o neófito quanto à necessidade de ele fazer parte da corrente para "desenvolver" sua mediunidade. Nessas ocasiões, segue-se um esclarecimento mais detalhado das responsabilidades que o "futuro" médium aceitou assumir antes de reencarnar. Nada é um acaso, e os Espíritos comprometidos com seus médiuns aguardam pacientemente que eles se firmem, que parem de bater cabeça aqui ou acolá, rolando como pedras montanha abaixo.

Há que se considerar que os Espíritos também estão evoluindo, e as tarefas a serem executadas no mediunismo de terreiro umbandista, combinada no Plano Astral antes de o medianeiro reencarnar, serve de instrumento ao Plano de Vida de todos os envolvidos, em conformidade com os laços cármicos que os unem e, fundamentalmente, ao destino que cada consciência aceitou seguir para seu próprio melhoramento íntimo.

O Plano de Vida ou destino do médium é previamente traçado antes de sua encarnação, e a "Administração Divina" jamais elabora programas absurdos, injustos ou impossíveis. Ele há de viver e cumprir o seu destino, que é o resultado específico da soma das virtudes e dos vícios perpetrados em suas encarnações anteriores. Tudo é examinado e programado, de modo a favorecer o encarnante em sua vida atual no corpo físico. A mediunidade é ferramenta para potencializar suas vivências transitórias na materialidade em conformidade com um esquema retificativo necessário para saldar o seu carma passado.

Assim, a adesão de um novo médium a uma corrente mediúnica constituída, ativa e que faz a caridade sob a égide da Lei de Pemba é um passo importante e crucial para a evolução anímica e, consequentemente, espiritual. O Guia-Chefe do terreiro, ao permitir a entrada do iniciando na comunidade de axé, sabe dos compromissos de todos os envolvidos e "torce" para que o aprendiz seja bem-sucedido.

Ora, como estamos na Terra, muitos fatores contribuem para que o aspirante a médium seja derrotado, tirado do caminho que pretende seguir, vinculando-se a uma corrente. Questões metafísicas espirituais, desafetos do passado que se rebelam, fraquezas morais que ainda precisam ser sublimadas, familiares de outras confissões religiosas que se opõem, dificuldades financeiras, assédios diversos tanto de encarnados como de desencarnados, aliados à própria ignorância do pretendente a médium, contribuem para que ele desista de sua intenção de permanecer vinculado à corrente.

É fundamental para o fortalecimento do médium aspirante, neófito ou iniciando, não importa como o chamemos, a presença do estudo na agremiação a que se propõe vincular, associado à prática continuada e assistida da mediunidade. A ausência de estudo aumenta a dificuldade para lidar com uma enormidade de fenômenos psíquicos, emocionais e mediúnicos que se apresentarão e, inexoravelmente, serão experienciados visceralmente na Umbanda. O desconhecimento é mola propulsora para Espíritos mistificadores que procuram fazer de tudo para tomarem conta das "cabeças" dos médiuns deseducados, e, obviamente, o pertencimento a uma comunidade umbandista os desagrada enormemente.

Claro está que quaisquer teorias sem a prática na Umbanda são meros alimentos do intelecto. O estudo é imprescindível e deve estar associado aos pés no chão do terreiro, pois o médium que se informa e busca entender o que ocorre no seu campo íntimo de fenômenos psíquicos, aliando esse entendimento à compreensão maior do sentido dos ritos que participa, será um mediador mais apurado para os Guias Astrais que o assistem. Isso se deve pelo fato de a mediunidade inconsciente ser hoje quase inexistente e não encarnarem mais sensitivos com essa característica, de perda da vigília e não se lembrar de nada após o transe – estado alterado de consciência.

A primeira quebra de paradigma que propomos a todo iniciando na religião de Umbanda é ele assumir que se lembra, nem sempre totalmente, do que ocorreu durante o transe vivenciado. Entendendo que isso é um processo natural, descomprime-se seu psiquismo, fazendo-o perder o medo.

A partir de então, conscientes da tarefa que se apresenta adiante, assumimos que somos responsáveis diretos pela nossa educação anímico-mediúnica, pois os Espíritos não provocarão um "apagão" em nossas mentes e não farão tudo por nós.

É com o estudo contínuo em parceria com a prática que a vivência em comunidade de terreiro – templo umbandista – propicia que poderemos alcançar o **saber vivenciado** (equilíbrio mediúnico, consistente espiritualização, sólida religiosidade). A pedagogia do terreiro desenvolve sentimento de pertença ao grupo (humano e astral), e isso é oferecido pelo tempo adequado de instrução, aprendizagem e trabalho caritativo associados num mesmo Espaço Sagrado, sem pressa. Nossos impulsos inferiores são disciplinados pelas vivências rituais, nos fazendo alcançar maturidade psíquico-emocional, o que nos torna melhores Espíritos e consciências, mais serenos, amorosos, fraternos e felizes.

A corrente mediúnica

Há que se considerar que é muito importante um período de aclimatação para que o médium aspirante se ambiente com os trabalhos. É aconselhável que o candidato ao desenvolvimento mediúnico, por desconhecer os rituais da comunidade de axé em andamento, primeiramente se mantenha como observador, sem participar diretamente dos trabalhos, num estágio tipo aspirantado de um período mínimo de um ano ou mais, dependendo da especificidade do tempo de aprendizado necessário, algo individualizado, pois cada um tem um ritmo próprio e deve ser respeitado.

Para que o médium aspirante faça parte da corrente, ele mesmo deve avaliar a sua própria eletividade ou antipatia para com o ambiente e seus componentes, pode-se estabelecer um período ainda menor, de um a dois meses inicialmente, para que se sinta à vontade para não prosseguir nos trabalhos. Assim, evita-se o dispêndio de tempo no serviço de preparo espiritual do novo membro e se dispensa o constrangimento da presença de um elemento "de fora" ainda desafinado à vibração da "corrente mediúnica" ou, o que é mais comum, que ele esteja desinteressado do seu progresso espiritual em conformidade com as diretrizes, os usos e os costumes do grupo a que se pretende vincular.

Depois de um tempo de observação e aclimatação aos ritos e às liturgias do terreiro, bem como o entrosamento do candidato a membro da corrente com o grupo humano – seus futuros irmãos de egrégora –, então poderá ser admitido, estando plenamente adaptado à disciplina peculiar do terreiro que ele já encontrou organizada e independente de sua cooperação. Deve o médium aspirante adaptar-se ao grupo que o acolhe, e nunca o contrário.

Obviamente, a vivência nos rituais, a aplicação dos métodos indutores dos estados alterados de consciência, os cânticos, o toque de atabaques, as defumações, as folhas, as ervas e todos os demais elementos utilizados servirão como testes, a fim de selecionar os que manifestarem a faculdade mediúnica de modo mais positivo, espontâneo e certo, os quais exigem maior urgência no seu desenvolvimento. Deve-se ter acuidade e destreza para observar se os pretendentes a membro da corrente não estão com perturbações nervosas em vez de mediunidade de terreiro aflorada; a histeria, o puro animismo destrambelhado ou fenômenos neurovegetativos devem aguardar melhor classificação psíquica, o que muitas vezes cabe à medicina terrena, a fim de se evitar perda de tempo em tentativas inócuas e sem resultados úteis para a futura tarefa de passes e aconselhamentos espirituais.

No mais das vezes, há uma tênue diferença entre o "doente" que se enquadra especificamente na terminologia patogênica da medicina acadêmica, o qual será improdutivo no terreiro de Umbanda, do médium cujo psiquismo desalinhado pode levá-lo ao desequilíbrio de sua saúde. Muitas frustrações podem ser evitadas ao não forçar o desenvolvimento mediúnico de quem não tem o que desenvolver, pois certas psicopatologias espirituais na sessão de desenvolvimento podem ser perda de tempo se não houver compromisso com a mediunidade de tarefa sob a Lei de Umbanda. Nesses casos, o indivíduo pode encontrar um alívio mais adequado e sem maiores entraves como consulente em vez de, inutilmente, tentar ser pretenso trabalhador, o que só causará dissabor a ele no futuro, pois verá os anos correrem e nada acontecerá no seu mundo íntimo, visto que não é médium tarefeiro.

Por essas razões, recomendamos um período como aspirante ao irmão que se propõe a fazer parte da corrente de trabalhos espirituais, para que possa conhecer a filosofia, a disciplina e os rituais do templo religioso. Nesse período, o candidato a membro da corrente pode sentir e fazer a avaliação sobre se, na verdade, esse é o agrupamento umbandista a que pretende se vincular e atuar como médium. Ao mesmo tempo, realizará tarefas externas de apoio, como arrumar e limpar o ambiente dos trabalhos a serem realizados. Fazer parte da corrente significa assumir, pela vivência templária ritualística propiciada, uma família espiritual. Ao vestir o branco, somos idealizadores e realizadores dentro de uma filosofia e organização religiosa, colocando-nos a serviço de Jesus e dos Orixás, em parceria com os amigos Benfeitores Espirituais.

Os caboclos desenvolvedores

Muitos são os desafios do médium iniciante. Até que consiga firmar o Ori – cabeça – com os Espíritos encarregados de lhe darem cobertura e proteção às tarefas que o esperam, inevitavelmente passará por momentos de dúvidas e, não raras vezes, de intenso assédio espiritual, tanto de encarnados próximos, que serão contra a opção de religião, quanto de desencarnados, que ficarão irritados com sua escolha de aprimoramento mediúnico. Ocorre que os "cavalos" de Umbanda são bastante visados pelos magos do Astral Inferior, notadamente pela alta sensibilidade psicoastral de seus chacras e plexos nervosos, verdadeiras usinas produtoras de ectoplasma – fluido animal.

Claro está que os entrechoques acontecerão. Não nos enganemos, mentes argutas intuirão para a desistência do médium, vendendo-lhe a falsa impressão de que o trabalho mediúnico atrai inimigos. Ao desistir, ele cai em uma obsessão complexa por reencontrar ferrenho inimigo do Alémtúmulo, quando terá que responder por si só contra os ataques dos seus desafetos.

O processo de aprendizagem é longo e, inevitavelmente, até que o médium esteja "pronto", sofrerá o ataque de Espíritos mistificadores, inteligências ardilosas que tentarão o engambelar, fazendo-se parecidos com os genuínos Guias espirituais. Enquanto a percepção do magnetismo das entidades de Umbanda não se apurar em suas antenas psíquicas, será alvo de joguete do Astral Inferior.

Todas as experiências que o iniciante vivencia são observadas a distância pelos abnegados Caboclos Desenvolvedores, se ele estiver fazendo parte de uma corrente mediúnica umbandista devidamente constituída e firmada. As "quedas" do médium, no mais das vezes, são permitidas por esses especialistas, como mestres zelosos que ensinam uma criança a andar de bicicleta; são sabedores que alguns arranhões são de grande valia para o aprendizado de como manter-se equilibrado sem cair.

É preciso conhecer-se e saber que os limites da capacidade mediúnica dependem do "lado de lá", assim como se conscientizar de que é um mero instrumento e nada mais, o que requer vigilância e humildade constantes. Até que o médium perceba suas falhas morais e imaturidade emocional e que ele mesmo carece de apoio e auxílio espiritual, será o maior imã de Espíritos de baixa envergadura, símiles a quem os atraem, quais limalhas de ferro.

O médium, que é um indivíduo com vasta ou reduzida bagagem psíquica milenária, estará sempre presente animicamente e com o acervo pessoal na comunicação mediúnica dos desencarnados. É dificílimo, pois, encontrar dois médiuns cuja moral, temperamento, cultura ou poder mental coincidam rigorosamente entre si, fazendo com que produzam comunicações perfeitamente semelhantes. Mesmo quando se tratar de raríssimos médiuns de incorporação completa, inconscientes, sua bagagem psíquica e a contextura de sua individualidade espiritual sempre influirão nas comunicações mediúnicas, impondo certa peculiaridade pessoal.

Diante do exposto, é óbvio concluirmos que o melhoramento de caráter do médium e o ininterrupto esforço de elevação moral, implementando em sua vida diária atitudes condignas com os ideais espirituais que persegue no campo da mediunidade, contribuirão decisivamente para seu sucesso, que estará diretamente proporcional ao trabalho de mudança interna.

Assim, a participação nas engiras – práticas de educação mediúnica – não deve priorizar estruturas padronizadas de ensino que engessem as manifestações, respeitando-se as peculiaridades individuais de cada médium. A natureza de cada um requer lições particularizadas, não sendo possível os modelos "enlatados", que "engavetam" os médiuns em coreografias impostas, por vezes por imitação dos mais antigos, como se todos os Pretos Velhos, Caboclos, Crianças, Exus fossem iguais entre si.

É oportuno convidarmos os colaboradores sinceros a dedicarem maior atenção à chamada "mediunidade consciente", na qual o intermediário é compelido a guardar suas verdadeiras noções de responsabilidade no dever a cumprir. Cada trabalhador deve cultivar seu campo de meditação, educando a mente indisciplinada e enriquecendo seus próprios valores nos domínios do conhecimento, multiplicando as afinidades com a esfera superior. Dessa forma, observará a extensão dos tesouros de serviço que poderá movimentar a benefício de seus irmãos e de si mesmo. Com esse entendimento, que ninguém se engane em relação ao mecanicismo absoluto em matéria de mediunidade.

Na fase do desenvolvimento mediúnico, o futuro obreiro ainda não está preparado para rebocar os tijolos da construção, ou seja, o corpo astral e o duplo etéreo não estão preparados para receber as vibrações sutis de seu "pai de cabeça", ou chefe de coroa, e das entidades que fazem parte de suas tarefas, escolhidas antes de sua encarnação – considerando que ondas eletromagnéticas de baixa frequência não chegam perto das mais altas.

Os caboclos desenvolvedores são entidades que não incorporam. Atuam na contraparte astral do terreiro e são especialistas em formar os Espíritos que também estão em aprendizado e não sabem "incorporar" nos médiuns, mas que, futuramente, terão direito a trabalharem em algum terreiro de Umbanda. Existe um treinamento recíproco em ambos os lados da vida. Os abnegados Guias não nasceram sabendo como entrar em transe com os médiuns e hoje aguardam pacientemente até que seus médiuns estejam prontos para recepcioná-los em suas casas mentais. Enquanto isso, estes "sofrerão" o impacto intenso das entidades que estão aprendendo juntamente com eles, sendo um ajustamento psíquico recíproco.

No momento certo, os caboclos desenvolvedores, quais disciplinados sargentos, liberam os recrutas para o batalhão da caridade. Com intensa emoção, o "Pai de Cabeça" se apresenta e incorpora em seu médium, num transe lúcido perfeito, dizendo-lhe o seu nome, que retumba dentro da cabeça do filho. Infelizmente, muitos desistem até esse abençoado dia chegar.

Afinal, qual o motivo de o desenvolvimento mediúnico ser tão demorado e de tantos médiuns começarem na Umbanda e não conseguirem se manter nos trabalhos? São raros os casos em que a mediunidade irrompe inequívoca. A inconsciência não mais se verifica, por isso se exige uma mudança gradual de comportamento para que os médiuns consigam realizar as consultas "incorporados" com o Caboclo ou Preto-Velho por várias horas.

Como dissemos, o trabalho na Umbanda impõe mudanças profundas nos pensamentos, que precisam de tempo para ser consistentes e interiorizados no modo de vida do iniciante em aprendizado. Ele, conscientemente, deve livrar-se das emoções e dos sentimentos do ego inferior que atingem os corpos mental e astral, por meio da repercussão vibratória ocasionada pela substituição definitiva da matéria densa que os forma. Isso é propiciado por pensamentos mais elevados e constantes, tornando esses veículos da consciência mais "refinados". Desse modo, os chacras serão ajustados naturalmente às emanações fluídicas superiores dos Guias e protetores. Esse é o cerne, a centralidade do trabalho dos caboclos desenvolvedores, que agem como artesãos esculpindo a pedra bruta, lapidando-a para se transformar em joia útil de ser usada.

A Umbanda, por ser um canal aberto de entrechoque vibratório com o Astral Inferior, implica maiores obstáculos aos médiuns. A prática mediúnica umbandista deve ser continuada por longo tempo, sem interrupções, e trilhada com reverência e devoção. A lide umbandista parece fascinante a princípio, e o neófito anseia por "ter" logo o "seu" Caboclo ou Preto Velho.

Na verdade, da multidão que ingressa constantemente nas frentes de trabalho da Divina Luz, apenas uma microscópica minoria está apta a perseverar e progredir. A grande maioria dos aspirantes logo enjoa do ritual, não se motiva mais a colocar o uniforme branco e se impacienta com a demora em ser aceita como médium "pronto". Muitos acabam desistindo por completo ou mantendo as aparências, com o objetivo de só se beneficiar dos trabalhos, almejando a melhora milagreira das condições de existência diante da difícil e "injusta" vida. Fora uns poucos, a grande maioria não apresenta maturidade espiritual para continuar na Umbanda e acaba por buscar locais em que o mediunismo apresenta resultados mais rápidos.

Os atributos do médium equilibrado

A Umbanda não é uma religião de conversão, mas, sim, de encontro com si mesmo, pelo simples fato de que o Eu Crístico, simbolizado nas forças divinas dos Orixás, está dentro de cada um de nós e faz parte da nossa ancestralidade e de nosso DNA espiritual, conectado com os elementos da natureza, numa simbiose perfeita. Assim, quando adequadamente harmonizada no psiquismo do médium, absorve e emana paz, alegria, saúde e compreensão.

O dirigente umbandista tem de ser criterioso em afirmar os Orixás Regentes do sensitivo em questão, investigando profundamente por meio das vivências internas no terreiro, amparando-se na sua mediunidade, que deve lhe dar segura cobertura espiritual por intermédio do seu Guia-Chefe. Aos que adotam o sagrado método oracular da ancestral Sabedoria de Ifá, o Merindilogun, ou Jogo de búzios, devem se amparar na comunicação com seus búzios.

Na dúvida, o dirigente não deve se enganar ou se deixar enganar pela vontade e pelo desejo de médiuns ansiosos e deslumbrados por serem consagrados, fazendo afirmações inverídicas e apressando as iniciações só para agradá-los. Ademais, o que é nefasto em todos os casos, não deve ganhar dinheiro com a inocência útil desses indivíduos imaturos, cobrando consagrações extemporâneas que são placebos, pois ritual aplicado necessariamente não é iniciação espiritual internalizada, assim como a semente plantada não se transforma em flor sem justo tempo e zelo exigidos ao jardineiro fiel.

Os pré-requisitos que o dirigente umbandista precisa observar para aplicar um ritual de iniciação – lembrando que não se inicia ninguém, pois cada um inicia a si mesmo – são os seguintes: bom caráter, paciência com os irmãos de corrente, sentimento de pertença à comunidade, bondade e amor incondicionais, comprometimento com a caridade, respeito, ser verdadeiro, e não "mascarado", dissimulando e omitindo seus reais interesses, ser justo e sincero. Nunca se deve apressar o ciclo mínimo de sete anos para despertar esses valores tão necessários e importantes para a formação de um verdadeiro médium "Filho de Pemba".

Um dos maiores fatores que devem nortear um dirigente umbandista para o cumprimento da finalização de um ciclo de sete anos de iniciação na Umbanda, que tem forte ênfase na religiosidade, é a humildade, observada claramente em quem nasceu para servir, e não para ser servido. O termômetro que revela esse fato é perceber no iniciando que em nenhum momento da sua trajetória o tempo necessário seja visto como um fardo, demonstrando e compreendendo que a paciência é o elo maior da sua maturidade espiritual, numa "imitação" perfeita dos ciclos da natureza, que nunca tem pressa, entendendo que nada acontece com um "abrir e fechar de olhos".

É grande ilusão banalizarmos apressando os ciclos mínimos de tempo para a natureza psíquica mediúnica amadurecer, pagando para que iniciadores venais e antiéticos agilizem ritualmente o "nascimento" dos Orixás no iniciando mesmo sem ele ter condição, assim como uma muda de carvalho não se torna árvore frondosa em meros 365 dias. Impossível fixá-los numa cabeça – Ori – meramente pelo ritual raso apressadamente aplicado, o que requer tempo para enraizamento espiritual profundo no ser, assim como os abacates verdes não caem dos galhos.

Nem todos que frequentam uma comunidade de terreiro na Umbanda estão ali para fazer parte do grupo de médiuns trabalhadores. A Umbanda é frequentada por uma ampla diversidade de consciências, é composta de diferentes indivíduos, com propósitos, ideais e objetivos diversos. O mais importante é o acolhimento fraternal: abraçar, valorizar, considerar, respeitar e tratar todos os indivíduos igualmente, sem discriminar a procedência, ou seja, se são visitantes, consulentes, adeptos, assistentes ou simpatizantes.

Contudo, há que se diferenciar que, para ser um médium de Umbanda, aceito e iniciado numa corrente, numa egrégora, numa comunidade religiosa como trabalhador ativo, além de frequentar a assistência o tempo adequado para ser reconhecido pela cúpula espiritual do terreiro, são necessários inúmeros atributos morais, intelectuais, procedimentais e vocacionais. Além desses, obviamente, é necessária a mediunidade ativa, no caso de médiuns que serão trabalhadores no aconselhamento espiritual durante as sessões práticas de caridade.

Infelizmente, hoje verificamos muitas "iniciações" tipo *fast-food* (rápidas), verdadeiros placebos, sem efeito algum. Há ainda iniciações a distância feitas de forma *on-line* em alguns cursos pela Internet. A simples "iniciação" de um indivíduo, desprovido desses atributos básicos e essenciais, e ainda sem mediunidade, não o habilita como um "iniciado" legítimo e legitimado com direito ao pertencimento na Corrente Astral de Umbanda. Cabe ao sacerdote, dirigente, zelador, diretor de rito ou chefe de terreiro escolher com muito critério aqueles que são realmente dignos de aceitação e posterior iniciação, preponderando os atributos básicos e essenciais, além da mediunidade ativa direcionada para as lides de terreiro. Essa mediunidade ativa é "impressa" no corpo astral antes da reencarnação do sujeito, portanto, obviamente, nenhuma iniciação se ativará se essa sensibilização não for preexistente.

Na Umbanda, com a iniciação interna, decorrência da vivência no templo, ritualizada por meio de liturgias propiciatórias, expande-se a sensibilidade psíquica e mediúnica do médium, fazendo-o perceber com mais clareza – claridade ou iluminação interna – o mundo transcendental dos Orixás e de seus ancestrais – Benfeitores Espirituais. As experiências religiosas em comunhão grupal, acompanhadas de estudo contínuo, reflexão sobre os estados vivenciados de consciência alterada e busca incessante pelo autoconhecimento, "seguramente" o conduzirão a um destino alvissareiro: ser um ser humano – Espírito – melhor e feliz na vida, na comunidade de "santo", na família e na sociedade, o que caracteriza o comportamento de um genuíno "Filho de Pemba".

A lição do Preto Velho[1]

Ao final de uma engira, o Preto Velho Rei Congo, por meio da incorporação mediúnica, fez um relato importante para refletirmos. Essa entidade trabalhava com um medianeiro da corrente que "enjoou" dos trabalhos caritativos no terreiro e acabou se desligando, mas ela não o acompanhou, dizendo-nos que suas tarefas não previam naquele momento estar "à disposição" e atender aos familiares na

---

[1] Este texto é a descrição de um caso real vivido por Norberto Peixoto.

casa do "seu" ex-médium, o que prontamente seria feito por outros Espíritos que se apresentariam na forma de Pretos Velhos, mas que não estariam vinculados à religião de Umbanda organizada na Espiritualidade.

Rei Congo falou a todos os presentes que, depois de mais de 80 anos de intenso labor no Plano Astral, por intermédio de vários médiuns sob a égide da Lei de Umbanda, resgatando pesados débitos cármicos do passado, pela ininterrupta caridade prestada aos filhos da crosta e desencarnados do "lado de lá", foi chamado pelos Maiorais do Espaço e informado de que sua tarefa findara e que não mais precisaria reencarnar na Terra, estando livre para "subir" a uma dimensão mais sutil.

O Preto Velho Rei Congo ficou "surpreso", conforme suas palavras, e pediu para continuar auxiliando as criaturas humanas. Os venerandos Espíritos condutores e regentes de carmas coletivos, aos quais se reportava, propuseram-lhe que acompanhasse como tutor um agrupamento de médiuns de Umbanda "caídos", desistentes da mediunidade, que se deixaram iludir pelo brilho dos ouros mundanos ao receberem moedas, reconhecimento e abundância na matéria, mas "falecendo" em seu mediunato, tendo agora de renascer em planeta inferior.

Como se diz e se canta nos terreiros, "Preto Velho arriou na linha de Congo", e prontamente Rei Congo aceitou a tutoria espiritual proposta, alertando-nos do fim do tempo na Terra para muitas consciências sensibilizadas para serem médiuns de terreiro ou cavalos de Umbanda, os quais na verdade tinham tido uma derradeira chance e não estavam dando a devida valia e atenção aos seus sagrados compromissos.

♪ Arriou na linha de Congo, é de Congo, é de Congo Aruê. Arriou na linha de Congo, agora que eu quero ver.

Os atendimentos espirituais

A mediunidade ativa

Nem todos aqueles que frequentam uma comunidade de terreiro na Umbanda estão ali para fazer parte do grupo de médiuns trabalhadores. A Umbanda é frequentada por uma ampla diversidade de consciências, composta por diferentes indivíduos, com propósitos, ideais e objetivos diversos. Assim, reflitamos sobre o que seria importante neste momento tão sagrado para nós da Umbanda.

O que poderíamos dizer ou escrever que pudesse ser aproveitado por todos os que estão com os pés no chão em um terreiro, para a comunidade umbandista – que estão vestindo o branco como médiuns? Com base em nossa experiência, concluímos que o grande obstáculo que paralisa muitos médiuns é a jactância – aquele sentimento velado de superioridade que vai se instalando de tanto escutar as queixas dos consulentes, que anda de mãos dadas com o orgulho e a vaidade, estabelecendo altivez e senso de superioridade irreal, certo enfado e ar de tédio. Obviamente, já observamos tal situação em espíritas, espiritualistas, pastores, padres, bispos, teosofistas, budistas, maçons, rosacrucianistas, apômetras etc., por isso acreditamos ser um estado psíquico inerente ao ser humano.

E como se instala a jactância no médium umbandista? O médium, sendo consciente – o que é o estado natural da mediunidade na atualidade –, pode cair num automatismo comodista e, inevitavelmente, nas suas reflexões, examinar as consciências alheias, identificando os erros do próximo, muitas vezes opinando em questões que não lhe dizem respeito. Desse modo, passa a indicar as fraquezas dos semelhantes, educando os filhos dos vizinhos, reprovando as deficiências dos companheiros, corrigindo os defeitos dos outros, aconselhando o caminho reto a quem passa, receitando paciência a quem sofre, e assim segue resoluto retificando os defeitos de quem o procura no centro umbandista, como se ele fosse só perfeição. Contudo, enquanto o medianeiro se distrai orientando, distancia-se de si mesmo e, como aprendiz que foge à verdade e à lição, agrava sua situação, enfatuando-se e sentindo-se superior aos consulentes, sempre incansáveis em seus pedidos de ajuda, reclamações e tristezas.

É relevante destacar que quando o médium se ausenta do estudo das suas próprias necessidades e fragilidades, que fundamentam o indispensável processo de autoconhecimento, esquecendo-se da aplicação dos princípios superiores que deve abraçar na fé viva da qual é mero instrumento, cheio de defeitos e imperfeições e tão frágil e carente quanto aqueles que o procuram, será simples cego do mundo interior, relegado à treva da ilusão. Assim, nada realizará, pois se locupleta consigo e se basta, achando que está fazendo uma grande obra, um palácio de realizações com o passar dos anos. Muitos até se gabam do tempo de mediunidade e menosprezam os mais novos.

Evidentemente, a experiência acumulada ao longo dos anos dá sabedoria ao medianeiro, mas ele não deve sentir-se melhor do que quem quer que seja, pois não sabemos o passado e a idade sideral de cada um de nós. Ou você sabe qual a idade do seu Espírito?

Despertemos e vigiemos sempre. Mantenhamos nossas energias mais profundas, para que ensinamentos, instruções e consolos que passamos aos consulentes na forma de orientações recebidas de nossos Guias espirituais não sejam para nós, médiuns, uma bênção passageira. A mediunidade é uma dádiva e misericórdia divina que nos foi concedida em proveito da nossa própria retificação, para darmos auxílio incondicional aos irmãos de caminhada que nos procuram. O infortúnio maior de um médium e da sua combalida alma eterna é aquele que o infelicita quando a graça do Alto passa por ele em vão em toda uma encarnação!

Nenhuma valia tem o rito, seus elementos e suas liturgias se o médium internamente não tem a condição necessária para recebê-los satisfatoriamente. A aplicação ritualística externa é feita pelo sacerdote e seus assistentes, mas a ligação espiritual interna é individual. Se assim não acontecer, será um mero placebo ritual, inócuo e sem efeitos positivos.

É tarefa primeira de um zelador espiritual vigiar e "correr engira" para que a jactância mediúnica não se instale nele ou em sua corrente. Essa é a maior iniciação que a genuína corrente astral de Umbanda exige.

O desenvolvimento mediúnico

O desenvolvimento mediúnico na Umbanda é prático e requer um tempo de aprendizado para o médium, a fim de que ele se acostume com as vibrações das entidades e aprenda a ser passivo para deixar o Guia se manifestar. Como vivemos a era da mediunidade consciente, esse período é necessário para o autoconhecimento e o aprofundamento da confiança do neófito. Nosso desenvolvimento mediúnico não acontece em dia separado, e sim durante as sessões de caridade, dentro de uma proposta prática, "pé no chão". É ao lado dos médiuns que estão dando consultas, vendo os cambonos atuando e escutando todo o burburinho da "engira", que os médiuns iniciantes, aos poucos, vão se tornando mais confiantes e, no momento certo, manifestam os seus guias.

Consideramos que um dia específico para o desenvolvimento é necessário em agrupamentos com grande número de integrantes. Todavia, deve-se zelar para a qualidade dos trabalhos, pois Umbanda não é quantidade de médiuns, nem terreiro com axé significa terreiro maior.

Nas sessões de desenvolvimento, aprendemos que:
• os Espíritos podem propagar energia mental na forma de irradiação eletromagnética. O fenômeno mediúnico se dá entre emissor e receptor, que precisarão apurar a precisão do processo. Essa potencialidade é inerente ao médium e é impossível um sacerdote concedê-la. O que se faz é confirmar o que é intrínseco ao seu Espírito, pois o seu corpo astral já vibrava em frequência única e incomparável sensível à influência dos seus Guias antes da sua atual encarnação;

- o aprimoramento e a qualidade do transe fundamentam-se no ajuste da sintonia vibratória entre o médium e o Espírito comunicante. Obviamente, não se aperfeiçoa o que não se tem e nada adianta insistir em ritos iniciáticos se a sensibilidade mediúnica não é preexistente;

- o envolvimento mediúnico, uma espécie de acasalamento entre as emissões mentais do Guia e a receptividade do médium, se dará pela combinação fluídica entre ambos, assim como a água limpa não deve ser colocada em jarro sujo. O maior esforço será o do médium, que deverá trabalhar arduamente para apurar seu psiquismo e se tornar um bom instrumento; o que está em baixo deve ser igual ao que está em cima para que haja a comunicação mediúnica aproveitável no transe; no mediunismo deseducado, o fenômeno é inquestionável, mas a mensagem não tem qualquer serventia para o nosso melhoramento de caráter;

- gradativamente, há o amadurecimento do médium para a concretização da assimilação das correntes mentais do Guia que ocuparão naturalmente a sua psicomotricidade, como se a entidade estivesse encarnada. Esse processo, após ser interiorizado no psiquismo, acontecerá com fluidez, assim como o leito do rio segue calmamente em direção ao oceano.

Finalmente, o médium maduro não mais ocupará sua mente com a preocupação de dominar o fenômeno da chamada incorporação. Estará, sim, "ocupado" e preenchido em sua casa mental pelo pensamento contínuo e sustentado da entidade. Isso acontecerá quando o médium aprender a dar passividade psíquica nas sessões de desenvolvimento mediúnico, permitindo conscientemente o envolvimento fluídico e o aprofundamento do transe. Dessa forma, firmará gradativamente o fenômeno em conformidade com os rituais indutores, com as chamadas por linha e Orixá, tão comuns nos terreiros, que ensinam os médiuns iniciantes a darem "passagem" às entidades para que se "apropriem" harmonicamente da cognição e do seu psiquismo.

Durante o amadurecimento do transe, se fixarão na rede sináptica cerebral do médium certos padrões de circuitos elétricos neuronais – comprovados pelas pesquisas médicas na área da neuropsiquiatria sobre os estados alterados e superiores de consciência –, que servem como gatilhos mentais criadores do automatismo "orgânico" do transe. Ou seja, é quase como se o Guia do "lado de lá" apertasse um interruptor para ativar esses circuitos do médium, disparando o processo de comunicação entre ambos.

A Umbanda tem um arsenal peculiar: banhos de firmezas, descargas energéticas, rituais nos pontos de força da natureza, entre outros cerimoniais litúrgicos que pontuam a caminhada por toda a vida dos seus adeptos. Não cabe descrevê-los detalhadamente nesta obra, pois nosso objetivo maior é a pedagogia da Umbanda que impacta positivamente na mudança do comportamento e caráter humanos. Nosso enfoque baseia-se no fato de que a manutenção do equilíbrio espiritual e psicobiossocial das comunidades de terreiro encontra nos transes rituais de Orixás, Guias e Falangeiros o seu núcleo central.

Os preceitos são recomendações de segurança para os médiuns. Existem diversas orientações preceituadas a todos, como os resguardos e banhos antes das sessões práticas. Todavia, o valor maior do preceito está no seu receituário individualizado, o que exige destreza do sacerdote como "cuidador" de cada Ori – cabeça. Assim, não existe um preceito igual ao outro, haja vista a especificidade energética de cada médium, suas características inatas e aptidões psíquicas, por sua vez influenciadas pelos "seus" Orixás de frente e adjunto. Cada Ori é único, e mesmo que tenham dois com a mesma regência de Orixás, haverá qualidades e desdobramentos vibratórios incomparáveis e, por vezes, incompatíveis.

É preciso ter acuidade psíquica, inquestionável cobertura mediúnica e consolidado saber de terreiro angariado no tempo com os mais velhos, aliados à ética e ao caráter ilibado, para manejar-se adequadamente os elementos sacralizados que compõem os preceitos e as oferendas. Lidamos com vidas, e toda seriedade e respeito são poucos, dada a enorme responsabilidade do sacerdócio umbandista.

Quanto às iniciações, infelizmente vamos nos repetir aqui. Hoje verificamos muitas que são placebo, sem efeito algum, "receitas de bolo" realizadas até a distância pela Internet. A simples "iniciação" de um indivíduo desprovido de certos atributos básicos e essenciais, e ainda sem mediunidade, não o habilita como um "iniciado" legítimo, com direito a pertencer à corrente astral de Umbanda. Cabe ao sacerdote, dirigente, zelador, diretor de rito ou chefe de terreiro escolher com muito critério aqueles que são realmente dignos de aceitação e posterior iniciação, preponderando os atributos básicos e essenciais. Ademais, é necessária a mediunidade ativa direcionada para as lides de terreiro, que é "impressa" no corpo astral antes da reencarnação da criatura, pois obviamente nenhuma iniciação a ativará se essa sensibilização não for preexistente.

Os principais tipos de passe

Podemos afirmar que o passe é uma transfusão de energias fisiopsíquicas, na qual o passista de boa vontade "cede de si mesmo" em benefício do consulente.

A aplicação do passe tem como finalidade auxiliar a recuperação de desarmonias físicas e psíquicas, substituindo os fluidos deletérios por fluidos benéficos; equilibrar o funcionamento de células e tecidos lesados; promover a harmonização do funcionamento da estrutura neurológica que garante o estado de lucidez mental e intelectual do indivíduo.

Há três tipos de passes:
- **Passe magnético** – sem transe, o magnetizador não fica mediunizado. Todavia, existe a assistência dos Guias Espirituais do Plano Astral, por meio da irradiação intuitiva.
- **Passe mediúnico** – há incorporação do médium por uma entidade astralizada. Na atualidade da Umbanda, prepondera um misto entre o passe magnético e o mediúnico, sendo que o limite entre um e outro é de difícil detecção, haja vista o vasto predomínio da mediunidade consciente nos terreiros.
- **Passe espiritual** – é ministrado pelos Guias Astrais direto no consulente. Todavia, é necessário um doador de fluido – ectoplasma – no ambiente próximo, pois os benfeitores não produzem fluido animal magnético. Esse tipo de passe ocorre no salão da assistência, sendo comum os videntes enxergarem os mentores dando os passes nos consulentes.

Entendemos que a condição para o passe é sinônimo de segurança mediúnica! Algumas regras básicas devem ser observadas para que o médium seja um bom passista, como, por exemplo, não ter nenhum vício, pois, ao contrário, terá sérias dificuldades em se manter equilibrado, o que sempre exige muita disciplina e vigilância, caráter, boa vontade e doação. Seguem as condições básicas para o passista na Corrente Astral de Umbanda:

- ter higiene física; roupa branca limpa;
- fazer uma alimentação leve e adequada – sem excessos;
- buscar o hábito da meditação e oração;
- estudar;
- confiar em Deus;
- ter pensamento harmônico: fluido leve para trabalhar com cura;
- esforçar-se para eliminar vícios;
- ter equilíbrio nas atitudes (senso de percepção);
- evitar tocar o consulente;
- não deve dar passe se estiver doente ou intoxicado.

O médium deve ter cuidado com sua higiene pessoal e suas roupas de trabalho, que devem estar sempre limpas. A higiene atrai energias positivas e é um ato de respeito para com a Egrégora Espiritual que o assiste, os demais médiuns e os consulentes que atenderá no trabalho mediúnico.

A alimentação também é muito importante, devendo ser evitadas carnes e comidas pesadas para que não se sinta cansado e sonolento no momento do trabalho mediúnico, com fluido denso que, certamente, atrapalhará o atendimento aos consulentes. Da mesma forma, se aconselha a eliminar os vícios do fumo, visto que seu fluido fica impregnado com as toxinas da nicotina. Preferencialmente, deve ter uma alimentação vegetariana, aliada a um bom caráter. Essas são opções saudáveis para uma mediunidade madura, equilibrada e longeva.

Na manhã que antecede o trabalho mediúnico, o médium deve elevar seus pensamentos e meditar, solicitando o auxílio dos Guias e Falangeiros, para que tenha um dia de harmonia para estar bem equilibrado na hora dos trabalhos e para que não ocorram os "famosos" imprevistos, dos quais o Astral Inferior, não raras vezes, se utiliza para desviar o médium de sua tarefa.

As carências, as fragilidades, a dificuldade de dizer "não", as inseguranças, o medo, os melindres, tudo é usado pelo Astral Inferior, que estuda o médium e, de forma muito sutil, vai minando sua mente e causando atrasos das mais variadas ordens, para que ele não consiga chegar a tempo e trabalhar.

É perfeitamente compreensível que em determinados momentos seja necessário resolver assuntos pessoais, mas é preciso estar atento aos sinais de como, quando, onde e por que imprevistos ocorrem geralmente próximos ao horário de deslocar-se para o terreiro de Umbanda e com que frequência. O médium que cede sempre aos chamados "imprevistos" acaba por desistir da sua mediunidade com muita facilidade. Aquele que é persistente, que se esforça, acaba por vencer esses momentos de infortúnio e é finalmente deixado um pouco em paz, porque não se deixa abater; aí as dificuldades deixam de ser para chegar no trabalho e terão outro foco, como, por exemplo, família, compromissos no trabalho, viagens, saúde etc. Por isso, Jesus alertava: "orai e vigiai".

O médium que consegue chegar mais cedo no terreiro para trabalhar tem mais tempo para se harmonizar e observa que a sessão mediúnica para ele flui melhor. Aquele que não consegue, chega em cima da hora, tem mais dificuldade para deixar as atribuições do dia e custa um pouco mais para adquirir a calma e o equilíbrio necessários. Além disso, o estudo aliado à prática do trabalho confere maior confiança e facilita o intercâmbio com os Guias Espirituais, porque, ao ser intuído, o médium sabe o que fazer e por que confiar em Deus e na Egrégora Espiritual que o assiste, ou seja, ter fé faz parte de sua segurança mediúnica.

Quando se fala em "senso de percepção", significa que o médium deve observar-se quando sente alterações de humor, mal-estares, irritação, raiva, dores (de estômago, de cabeça), náuseas etc. Deve verificar em que momento começou, se foi no dia do trabalho mediúnico ou na véspera, e se tem realmente fundamento, isto é, se está com problema de saúde; se discutiu ou se incomodou com alguém; se está magoado ou com algum problema de ordem pessoal que não está conseguindo resolver, dentre outros aspectos. Caso contrário, a percepção está alterada, porque o Plano Espiritual já está atuando, e o médium sintonizou com o problema do consulente que será atendido e, provavelmente, também com entidades que necessitam de atendimento e que estão próximas do médium. Isso é o chamado senso de percepção – saber o que é seu e o que é do outro! Isso é muito importante porque o médium é médium 24 horas por dia.

Ao perceber o que está acontecendo, sendo trabalhador no atendimento mediúnico, pode observar que alguns consulentes relatam os sintomas daquilo que percebeu antes, portanto, após o término do atendimento, ele sente-se bem, porque há o encaminhamento da(s) entidade(s); da mesma forma, o consulente que recebeu o passe de energias salutares e o aconselhamento se sentirá melhor.

Alguns médiuns têm sensibilidade mais aflorada e podem sentir, no momento do passe, o desconforto do consulente e perceber se há obsessor no campo energético deste. Esses médiuns podem se ressentir dessa energia negativa – o obsessor que, muitas vezes, não deseja estar ali ou outra entidade enferma que veio para ser tratada junto –, sentindo aperto na garganta, vontade de tossir, dor de cabeça, náuseas etc. Isso ocorre porque médium e consulente ficam muito próximos fisicamente (frente a frente), havendo troca de energias entre ambos; os fluidos mórbidos, os miasmas e os pensamentos negativos que permeiam a aura do consulente vêm à tona, pois o passe visa, justamente, transmutar esses fluidos mórbidos em fluidos salutares. O médium, sendo sensível às energias, muitas vezes, sente odores fétidos emanados do duplo etéreo (por isso se deve dar o passe dispersivo na área gastrintestinal), o que lhe causa náuseas e dor de cabeça.

Em momentos como os descritos, o pensamento do médium tem que ser firme, pedindo auxílio mentalmente ao Guia/Protetor ali presente, e não julgar nem se envolver no processo do outro. O Plano Espiritual Superior está presente e sempre ampara e protege o médium que está firme em seu propósito de atendimento; ele então sente, observa, mas deve compreender que essas energias não são suas, então trabalha com confiança, mas não se envolve, ou seja, doa energia salutar e não absorve.

Esse entendimento é de suma importância, porque aquele médium conhecido como "esponja", que puxa tudo para si e não sabe transmutar, termina o trabalho muito cansado, pois, além de doar do seu próprio fluido, ainda absorve o que não lhe compete. Nesse caso, é necessário educar a sua mediunidade, e cada dirigente deve avaliar se ele tem condições de trabalhar com a área de cura ou se deve ficar um tempo na segunda corrente, só no apoio, ou ter uma outra tarefa trabalhando no salão, na recepção dos consulentes e/ou na secretaria etc.

Nesses momentos, o médium tem que ter absoluto controle e equilíbrio; deve ministrar seu passe e não deixar que o consulente perceba a interferência em seu campo. Após o consulente sair, ele vai recompor-se ingerindo água, fazendo uma prece e entregando ao Plano Espiritual Superior o que não lhe pertence.

Por essa razão, reforçamos que o médium trabalhe a questão dos vícios, porque estes emitem fluidos tóxicos, e o médium acaba recebendo dos consulentes que fumam ou que fazem uso do álcool os mesmos fluidos mórbidos. Dá muito trabalho ao Plano Espiritual Superior desintegrar essas energias deletérias. Trabalho mediúnico requer postura e consciência! A era do Guia fazer tudo definitivamente terminou!

Quando o médium está com problemas de saúde, desequilibrado e com pensamentos negativos, sente-se desorientado, nervoso, fez uma refeição que não digeriu bem, está literalmente intoxicado, não deve trabalhar no passe! É preferível ficar na segunda corrente ou na assistência e conversar com o dirigente do trabalho, avisando que não está em condições no momento. Por quê? Como explicamos, durante o passe, as energias do médium e do consulente se unem. Observemos que "quando há merecimento do consulente", os Guias Espirituais "isolam" a energia negativa do médium e atuam em prol do consulente, mas isso não deve se tornar uma constante, portanto, é necessário que o médium trabalhe o seu senso de percepção e seja honesto consigo.

É indispensável o atendimento à corrente mediúnica, ou seja, aos médiuns trabalhadores da casa, realizando-se rotineiramente sessões internas de Umbanda, pois entendemos que o médium tem que estar saudável e bem para poder atender à assistência e se sentir feliz com a tarefa abraçada com a Espiritualidade.

Os estudos e um olhar atento ao que chamamos de "autoconhecimento" são essenciais, visto que a Umbanda é visceral – você tem que lidar com as suas dificuldades e libertar-se para poder aconselhar o outro, e a Umbanda vai nos burilando sempre. Quantas vezes o médium trabalhador tem que conversar com um consulente sobre o mesmo problema que ele está passando? Às vezes, nem ele sabe como resolver no dia a dia, mas tem que orientar e confortar; pode ser uma dificuldade financeira, um problema sério de saúde, desemprego, o desencarne de um ente querido, a síndrome do ninho vazio (quando os filhos saem da casa dos pais), uma separação, problemas com drogas, alcoolismo etc.

A Espiritualidade sempre traz aquilo que necessitamos em nosso benefício, porque é dessa forma que vamos mudando e percebendo que só podemos aconselhar quando estamos dispostos a enfrentar as mudanças com coragem, com ânimo, e que isso é possível porque tudo passa e nos fortalece! O aprendizado é diário, portanto, devemos observar sempre como estamos nos sentindo e o que estamos necessitando para obter equilíbrio e bem-estar. Nosso momento é o aqui e agora, porque o ontem já se foi e amanhã será outro dia.

Além disso, é importante "evitar tocar o consulente" durante o passe, para não ser invasivo, assim como não aproximar muito as mãos de seu rosto. Pessoas carentes devem ser tratadas com respeito, mas de forma a não se tornarem dependentes, solicitando atendimento para os mesmos assuntos com frequência; essas pessoas devem ser encorajadas a ter mais autoconfiança, porque todos têm capacidade. Quando o nosso corpo não guarda ressentimentos, os pensamentos tornam-se mais claros, as emoções positivas e a saúde perene.

Passes a distância, preces e irradiações

Um endereço vibratório é um objeto de uso pessoal que está impregnado com o magnetismo pessoal do alvo a ser atingido, por uma carga benéfica ou maléfica, por isso o passe a distância feito em roupas, com o devido consentimento do consulente, é válido e benfeitor.

Tanto o êxito do feitiço como o da prece e da irradiação para um doente ausente fundamentam-se sobre a mesma lei de afinidade, mudando tão somente a intenção. Em verdade, a maioria das coisas pode ser impregnada das emanações dos seus possuidores. Assim como o casco de uma canoa tem a imantação própria do mar, uma camisa de tecido vegetal pode servir de "endereço vibratório" para as operações de magia a distância, conforme é de uso e necessidade na bruxaria. Quanto aos efeitos enfermiços do enfeitiçamento, os operadores conseguem atingir o alvo visado ao dinamizarem certos elementos deletérios, direcionando-os ao corpo vital da vítima, por meio do seu endereçamento fluídico conseguido na peça de vestuário, que deixa um rastro etéreo facilmente seguido pelos técnicos magnetizadores das sombras.

Algumas pessoas levam a roupa do namorado, do marido ou da esposa, da mãe ou do pai, do irmão ou da irmã, do filho ou da filha para o passe ou na corrente de preces e irradiações do terreiro umbandista ou centro espiritista sem eles saberem, mesmo sabendo que os "ajudados" estão em plena condição de sanidade mental. É importante considerar que, apesar de dizerem que só querem fazer o bem, nem sempre o bem que eu quero é o bem que eu faço. Mesmo as boas intenções precisam do consentimento da pessoa-alvo, pois todos nós temos livre-arbítrio.

Fazer o bem "escondido", como muitos fazem, levando fotos, roupas e outros objetos que servem de endereço vibratório, sem a pessoa saber, e muito menos obtendo o seu consentimento, quase nunca ao final será um bem realizado, uma vez que desrespeita o livre-arbítrio do outro. Além disso, é uma presunção acharmos que sabemos o que é bom ao outro, pois cada um de nós tem suas escolhas e não somos juízes para presumirmos o bem ou o mal de cada um, mesmo sendo familiar, haja vista que não sabemos as causas geradoras dos efeitos que cada um vivencia em sua vida, entre as reencarnações sucessivas.

Oremos e vibremos o bem a todos, mas sem interferir nos passos que cada um tem que dar por si mesmo. Que saibamos respeitar as escolhas individuais. Pensemos que as opções religiosas são direitos sagrados de cada cidadão e não bem impostos sem eles saberem disso.

Outros podem considerar: "não devemos jamais interferir no livre-arbítrio de alguém", porém a própria Lei Divina se encarrega de não deixar isso acontecer. Supõe-se, para justificar suas interferências às escondidas, sem os "ajudados" saberem, que exista uma pessoa que está passando por um processo de magia, e ela não merece estar nessa situação. Em se tratando de feitiço, tudo pode acontecer, e ela está enterrada em um vício ou uma doença, está tão revoltada que não quer saber de nada, pois seu mental está totalmente fechado e dominado, será que não nos cabe tentar ajudar, mesmo essa pessoa rejeitando a ajuda? Será que, quando ela se livrar desse processo magístico, não vai pensar melhor em seus atos? Ou devemos deixá-la abandonada à própria sorte? Em situações como essa, o que vale é a intenção de ajudar, ajuda que não venha para satisfazer nosso próprio ego, pois a Lei da Justiça irá agir conforme o merecimento de cada um e analisar cada caso individualmente. A lei jamais irá tirar ou colocar algo pelo qual essa pessoa não mereça estar passando, e luz nunca é demais, mesmo para encarnados ou Espíritos trevosos.

Em relação a este último parágrafo, afirmamos que não é bem assim. Devemos refletir profundamente que um Guia Espiritual, de fato e de direito, sob a égide da Lei de Pemba, tem condição de avaliar cada caso e estabelecer a linha tênue de ação, visando auxiliar aquele que está magiado e desrespeitado diante da Lei Divina.

Olhemos para tudo que acontece no campo do mediunismo neste enorme Brasil e tiremos nossas conclusões sobre o quanto ainda carecemos de estudo, preparo e humildade nas ações como médiuns. Lembremo-nos de que os Guias não são perfeitos, embora mais preparados do que nós. Conscientizemo-nos de que os Espíritos mentores também estão em evolução. Reconheçamos a prevalência majoritária da mediunidade consciente hoje em dia, pensemos em como nos deixamos "abalar" emocionalmente pelos sofrimentos alheios, ainda mais de nossos familiares e entes queridos próximos. Avaliemos com calma e ânimo desarmado o quanto podemos interferir nas comunicações mediúnicas com as nossas opiniões, ao invés da opinião do "lado de lá". Esse é um assunto sério, que exige profundo preparo mediúnico e prudência de dirigentes espirituais e chefes de terreiro.

Na Umbanda ainda há o costume de tocar a cabeça no solo em sinal de reverência. Esse fato tem múltiplos significados de altíssimo valor. Primeiramente, é um endereço vibratório para o plano metafísico, uma rememoração da origem e do destino da vida: a terra; é a lembrança de que os desejos vieram ao mundo antes da consciência (Ifá diz: "os olhos vieram ao mundo antes da cabeça"); por isso, prestamos reverência e oferecemos nossa cabeça (nossa consciência) aos Espíritos-Guias e aos Sagrados Orixás. Este é o meio pelo qual alcançaremos a redenção, no microcosmo do mediunismo de terreiro, se fazendo um com os mentores, todos irradiados pelos Orixás, se fazendo no macrocosmo um com o Pai.

Quem bate cabeça está endereçando sua consciência a um plano superior em consonância com sua própria origem, oferecendo-se humildemente para que possa alcançar, ao menos nos breves momentos ritualísticos, a pureza do Espírito, se fazendo criança novamente. Quem bate cabeça reverencia seus ancestrais e cuida para ter um destino fértil de coisas boas.

Quando louvamos a Deus e não "enxergamos" esse mesmo Deus na religião ou crença do outro, sentindo-nos superiores e detentores da "verdade", acabamos nos distanciando da Fonte Universal de Abundância e Prosperidade que é o próprio Deus Criador. Somos seres espirituais criados com a mesma capacidade de emitir luz. Visualizar no outro a presença divina da criação é louvar o próprio Criador, que está presente em tudo e em todos indistintamente.

Para estarmos com Deus, e Deus potencialmente em nós, é pré-requisito estarmos em comunhão incondicional com nossos irmãos de jornada evolutiva terrena. Obviamente que isso não significa sermos condizentes e concordarmos com atitudes equivocadas de religiosos que impactam negativamente numa coletividade, mas, acima de tudo, exercitarmos o respeito fraternal uns com os outros.

Concluindo, todos nós somos "fagulhas" de uma mesma chama, filhos de um mesmo Deus. Como faíscas que se "soltaram" de uma labareda, fomos criados Espíritos por uma mesma fonte universal, tendo um mesmo endereço vibratório de origem primeva.

O médium diante da desobsessão e dos aconselhamentos individuais

O que acontece no momento dos aconselhamentos espirituais com o médium em transe lúcido? Juntamente com estes, se vivenciam experiências extrassensoriais. Quando o médium cede passivamente seu mental ao Espírito comunicante, surgem as percepções sinestésicas, que ocorrem ao escutar o depoimento de um consulente frente a frente com ele e perceber suas energias vibratórias em termos de paladar, olfato, cores e sons, estímulos psíquicos que podem vir acompanhados de fortes emoções negativas, como raiva, tristeza, angústia, vontade de chorar, ou positivas, como bem-estar, alegria, leveza, amor, entre outras sensações.

Certa vez, atendemos a um consulente que tinha sofrido um incêndio em sua casa e, durante seu relato, sentimos cheiro de plástico queimado, escutamos o crepitar das chamas, e o calor nos fez suar como se estivéssemos dentro da cena descrita. Outras vezes, ao darmos um passe, feriu-nos as narinas o odor do duplo etéreo do atendido, oriundo de suas emanações fluídicas, que são imperceptíveis em estado ordinário de consciência. Há ocasiões durante os ritos de louvação aos Orixás em que, escutando as cantigas que trazem palavras que nos "encantam" e nos induzem a criar imagens mentais, visualizamo-nos numa mata, numa beira de cachoeira ou em lindos jardins floridos. Nessas "catarses", sentimos cheiro de mato, ouvimos pássaros cantando e barulho de água rolando nas pedras e, por vezes, vemos animais como águias, onças, papagaios, lobos, búfalos, dentre outros. Na verdade, são símbolos induzidos pelos rituais, ligados à nossa ancestralidade xamânica, que afloram do inconsciente.

Por isso tudo é que, no momento das consultas espirituais, o templo umbandista está repleto de Espíritos trabalhadores e desencarnados que serão atendidos. Os médiuns com seus protetores são o ponto central de todos os trabalhos realizados. Como usinas vivas fornecedoras de ectoplasma, aglutinam-se em torno desses medianeiros os técnicos astrais que manipularão os fluidos necessários aos socorros programados. Dependendo das especificidades de cada consulente, movimentam-se as energias afins, por linha vibratória – Orixá – correspondente à necessidade de cada atendido. Ao mesmo tempo, cada Guia atende em determinada função, havendo uma enorme movimentação de falanges que se deslocam para onde for necessário, tanto no plano físico como no mundo espiritual, para realizar as tarefas a que estão destinadas e autorizadas.

Nada é feito sem um comando hierárquico e ordens de serviços criteriosas, de conformidade com o merecimento e o livre-arbítrio de todos os envolvidos. A instância superior que dita e detalha a amplitude do que será feito tem recursos de análise criteriosos, que tornam impossível haver equívocos ou erros, mesmo quando há penetração na corrente mediúnica por invigilância dos próprios médiuns.

É indispensável que os médiuns cheguem ao templo umbandista imbuídos do ideal de doação, esquecendo-se de suas mazelas, de seus ressentimentos e das pequenas lamúrias do dia a dia. Em verdade, o mais importante aos amigos benfeitores é que esqueçamos de nossos problemas pessoais e elevemos os pensamentos ao Alto, entregando-nos com amor às tarefas mediúnicas. Se todos conseguissem isso por algumas horas, uma vez por semana, no momento em que se encontram presentes no terreiro, facilitariam enormemente os trabalhos, independentemente de ritual ou elementos utilizados.

Há de se esclarecer que a incorporação permite relacionarmo-nos com irmãos espirituais e com eles aprendermos, pois, sem dúvida, sabem mais do que nós. Por sua vez, os amigos benfeitores precisam dos médiuns, para, por intermédio deles, ensinar aqueles que vêm pedir auxílio nos terreiros. Com a repetição do "fenômeno" da incorporação, vivenciamos a vibração de cada entidade; e com a passividade de nossos sentidos – e por que não de nosso corpo físico? –, vamos educando-nos com as Leis Divinas e, ao mesmo tempo, burilando nosso caráter e adquirindo atributos que nos espiritualizam e nos tornam homens do bem e cidadãos mais amorosos.

Muitos chegam iludidos do que seja realmente a incorporação mediúnica positiva e precisam ser instruídos para uma manifestação psíquica produtiva, educada e com serventia para os benfeitores espirituais.

Infelizmente, há terreiros onde impera a vaidade, para os médiuns serem admirados por quem os olha, a indisciplina, a falta de estudo, o que leva ao exagero teatralizado, o animismo coreográfico descontrolado com práticas fetichistas perdidas no tempo, mantendo as criaturas aprisionadas em nome de falsas raízes ancestrais. Aqui vale repetir as palavras de Ramatís: "São tradições que precisam ser compreendidas em seus fundamentos profundos e ritualizadas à luz das consciências da presente época, eis que a Lei de Evolução Cósmica prescreve a contínua mudança".

Assim como o tempo engrossa o tronco do carvalho, os médiuns, paulatinamente, vão se integrando ao ritual do terreiro. Pouco a pouco, sem pressa, suas incorporações se firmam, aprendem a reconhecer o magnetismo peculiar de cada entidade espiritual que os assiste mediunicamente. As sutilezas vibratórias que caracterizam cada uma das linhas de trabalho, agrupadas por Orixá, finalmente estão internalizadas, compondo a sensibilidade do medianeiro, tal qual um violino bem afinado pelo músico. Enraíza em seu psiquismo um saudável automatismo, pelo método de indução aos estados alterados de consciência aplicados e vivenciados repetidamente, pois o ritual que o abraça é disciplinador e conduz à destreza mediúnica consolidada.

Entre tantos amacis – lavagens de cabeça –, banhos litúrgicos, consagrações com pemba e firmezas na natureza, que objetivam fortalecer o tônus mediúnico e a ligação fluídica do sensitivo trabalhador com os Guias astrais e demais Falangeiros, chega o dia em que o médium é autorizado pelo chefe do terreiro e começa a dar os primeiros passes nos consulentes, sendo assistido, se preciso, pelo diretor de rito ou dirigente espiritual. O médium nesse momento já domina a manifestação mediúnica que ocorre em seu mundo psíquico interno, e dela externamente para o Plano Astral, conduzindo-se com maestria pelos intrincados mecanismos da incorporação sem perda total da consciência.

Conforme explicamos acima, ainda impactam em seus centros de percepção perispiritual as emoções, os sentimentos e as vibrações dos consulentes e desencarnados que os acompanham. Existe uma sensibilidade natural, nervosa, anímica, de captação psíquica do médium para os consulentes. Essa capacidade de "absorção" do psiquismo do outro é potencializada pelo envolvimento áurico do Guia astral.

Ainda há que se considerar, em alguns casos, os fenômenos de vidência – ver – e os de audiência – ouvir –, advindo em sua tela mental, por intermédio do chacra frontal, imagens e sons extrafísicos, por vezes desconexos.

É imprescindível uma "perfeita" incorporação mediúnica, ou seja, a interpenetração do corpo astral da entidade amparadora com o corpo astral do médium, que fica levemente expandido pela irradiação magnética que é alvo do Guia astral, para que o médium em si mesmo consiga suportar, por sua vez, o impacto das auras dos consulentes com seus obsessores acompanhantes. Os consulentes, muitas vezes, estão imantados por campos de forças negativas de trabalhos magísticos feitos, que comprimem sua própria aura, duplo etéreo, chacras, centros e plexos nervosos, afetando as glândulas e o sistema nervoso autômato, se somatizando e desestabilizando sua homeostasia e higidez corporal e até mental, abalando sua saúde em amplo espectro de ação mórbida.

Em verdade, a função mediúnica mais dilatada e de maior responsabilidade ocorre quando existe o contato direto com os consulentes, olho no olho, uma peculiaridade marcante da Umbanda. É sua identidade, o que a diferencia dos outros cultos e abaliza sua independência, pois estabelece um método doutrinário próprio e uma teologia única; uma unidade aberta em construção, uma doutrina não codificada que se transforma e se adapta onde se localiza, mantendo-se viva e dinâmica no tempo, num processo contínuo de mudanças e reinterpretações simbólicas, rituais e litúrgicas, em conformidade com a necessidade de cada comunidade de terreiro e a coletividade que a cerca.

Voltando ao médium, obviamente sua aura se abalaria, adquirindo rupturas em sua tela etérica, um campo vibracional específico existente no duplo etéreo que o liga, por sua vez, ao perispírito e este ao corpo físico, filtrando os impactos negativos energéticos existentes quando o médium é exposto ao trabalho intensivo de consultas aos moldes da Umbanda. Se ele não tivesse o Guia espiritual servindo-lhe como escudo de proteção, rapidamente se fragilizaria e perderia o tônus fluídico e, persistindo na tarefa com o campo áurico aberto, sem dúvida, adoeceria rapidamente. Na mecânica de incorporação, quando educada e firme, o campo vibratório do corpo astral do Falangeiro o envolve, "contendo-o" como se fosse uma esfera dentro da outra – a maior, o Espírito benfeitor, e a menor, o médium.

Mesmo com todo o zelo do "lado de lá", de tempo em tempo, requer-se a vivência em certos ritos de reforço áurico para o medianeiro se refazer: rituais de fogo, descargas energéticas com fundanga (queimar pólvora), banhos litúrgicos, lavagens de cabeça com ervas, entre outros preceitos individualizados, conforme abordamos anteriormente.

Por sua vez, o Espírito Falangeiro, com habilidade, liga-se aos Orixás e mantém um intercâmbio de Ori a Ori – cabeça a cabeça, mente a mente – com o médium, envolvendo-o em amplo e firme enfeixamento de onda magnética etéreo-astral, servindo como ponte e ponto de catalisação dessas forças divinas que são os Orixás. Sem dúvida, o que nenhum médium ou sacerdote sozinho consegue realizar, mesmo havendo assentamentos vibratórios consagrados no espaço sagrado – otás, de pedras ou cristais –, tronqueiras, altares, pois se presume a indispensabilidade da interferência do mundo espiritual, verdadeiramente o executor de todas as tarefas realizadas.

Reforçamos que o tempo é indispensável e de suma importância ao aprendizado do médium. A captação psíquica que exerce em cada encontro ritual pode deixá-lo exaurido se não estiver adequadamente "calibrada" a sensibilidade anímica. Por isso, paciência nunca é demais, e a pressa se mostra contraproducente.

A malformação mediúnica se efetiva quando o período em que o médium deveria estar se conhecendo, desenvolvendo suas habilidades psíquicas – para saber como se ampliam suas percepções durante os estados alterados de consciência –, que exigem vivência prática em grupo, é substituído pelo imediatismo alimentado por deslumbramento e curiosidade pueril diante dos fenômenos mediúnicos.

Os verdadeiros Guias astrais são parcimoniosos e não têm falsas urgências de trabalho, ao contrário dos obsessores, que fomentam o "encantamento", instigam a fascinação diante de conhecimentos adquiridos rapidamente, de magias e mistérios desvelados em poucas horas ou dias, pois isso facilita a dominação mental, atiçada pela ânsia do intelecto de conhecimento pelo mero conhecer.

O aprendizado da incorporação requer a integração em uma corrente constituída e firmada. É de suma importância o pertencimento (adesão) a um centro, comunidade de terreiro ou templo umbandista, para que todas as etapas de construção da manifestação mediúnica equilibrada, saudável e madura se concretizem nos médiuns, tanto nos aspectos cognitivo, ético e de caráter quanto emocional; etapas essas que elaboram o desenvolvimento mediúnico no contexto dos rituais disciplinadores presenciais, de que a Umbanda se utiliza para os processos de ampliação da consciência ou transe serem eficientes.

É importante salientar que essas experiências não se restringem ao aspecto meramente pessoal, extrapolando o mundo íntimo de quem as vivencia muito além das relações sociais dos terreiros. Urge o conhecimento mais profundo da nossa potencialidade psíquica, com fundamento e arguto senso de observação dos dirigentes e médiuns da Umbanda, para que possamos estabelecer uma clara e segura diferenciação entre o normal, que é saudável, e o patológico, que é uma enfermidade anímica.

Obviamente, o pertencimento a grupos, terreiros e comunidades, todos associados inexoravelmente na exigência de compromisso com uma tarefa caritativa, como os passes e aconselhamentos espirituais, é motivo de segurança mediúnica aos trabalhadores, amparados por prestimosos Exus, Caboclos e Pretos Velhos; o que não interessa a nenhum Espírito mistificador. Quanto mais solitários forem seus médiuns, mais fáceis presas eles serão. Lembremo-nos que Jesus só começou a pregar a Boa-Nova após reunir os 12 apóstolos. O Mestre, primeiramente, ocupou-se de formar um grupo, instruí-lo e prepará-lo, para que cada um se tornasse mestre de si mesmo após o calvário do sublime peregrino.

É durante os aconselhamentos espirituais que se realiza a desobsessão na Umbanda. Com a palavra mansa e calma do Preto Velho, com a austeridade direta do Caboclo, com a irreverência do Exu, vão os obsessores sendo doutrinados e encaminhados ao Astral. Muitas vezes, basta um passe com galhinho de arruda e o enorme amor de uma vovó para que os ferrenhos inimigos do "lado de lá" se apaziguem e se deixem levar. Quem tem olhos de ver e ouvidos de escutar pode observar o que acontece em nossas "engiras", momento em que a contramagia, os populares desmanchos, acontece – todo o axé (força) do Orixá é canalizado para o equilíbrio do consulente. É como um suprimento energético que está faltando. Numa sessão de caridade, essas energias se movimentam para que as entidades possam utilizá-las na medida exata para o bem-estar de cada um.

Os ensinamentos e as orientações dos Guias Espirituais

Um equívoco de assistentes e de médiuns iniciantes, tanto espíritas quanto umbandistas, independentemente das denominações, é se preocuparem demasiadamente com os fenômenos – a forma como o mediunismo se manifesta. Os consulentes não "escutam" o que os Guias lhes dizem nos aconselhamentos, e os médiuns se esquecem de apurar os mecanismos íntimos de melhoramento psíquico que aperfeiçoam a sintonia com os Espíritos benfeitores.

Pensemos que os fenômenos mediúnicos podem e devem convencer o homem de sua imortalidade, dando-lhe confiança na continuidade da vida além-sepultura. Todavia, não convertem ninguém à vida moral superior, conduzindo-nos a ser homens de bem e cidadãos de bom caráter se não fizermos a faxina interna em nossa casa mental. De que vale a convicção íntima de nossa imortalidade se ela não educa nossos pensamentos para usufruirmos a plenitude da vida espiritual depois da morte física? Muitos desencarnam em sérias complicações espirituais, embora mantenham santos nos altares para os seus intermináveis pedidos ou sejam adestrados médiuns que muito pouco interiorizaram os ensinamentos.

Em todos esses anos de mediunidade na Umbanda, constato que muitos não seguem nenhum princípio de renovação interior e são "surdos" para as orientações dos Guias Espirituais, preferindo apenas usufruir dos fenômenos externos que só impressionam os sentidos físicos. Não por acaso, Jesus solucionou muito bem esse assunto quando Pedro irritou-se contra a multidão inquieta somente pelos fenômenos milagrosos, dizendo-lhe com firmeza: "Que te importa, Pedro, que não me sigam? Segues-me tu".

Reflitamos que a escolha é um estado interno pulsante no indivíduo, profundamente psíquico, eletiva à consciência que anseia romper os cordões estreitos que a amarram na mera e fugaz existência física humana, preenchida de ilusões de posses que viciam a mente no ter, e não na essência do ser.

Assim como a dura casca do coco precisa ser quebrada para podermos beber a sua seiva refrescante, é necessário "quebrar" a carapaça do ego para nos encontrarmos interiormente com o potencial divino do Espírito imortal e rompermos definitivamente a "surdez" causada pela ignorância.

Infelizmente, a nosso ver por ignorância, no sentido de puro desconhecimento, há pessoas de fora da religião que falam que na Umbanda não existe reforma íntima. No entanto, a estrutura psicológica dos médiuns e frequentadores vai se transformando pela continuidade da frequência nos ritos, visto que os aconselhamentos das entidades vão modificando suas predisposições mais íntimas no seu psiquismo.

Com a centralidade dos transes no terreiro, a pedagogia da Umbanda se expressa por meio dos aconselhamentos orais, frente a frente, médiuns e consulentes e médiuns e demais assistentes (membros da corrente), e destes para a sociedade mais ampla. Não é raso o método educativo da Umbanda. Os que não conseguem percebê-lo, muito menos vivenciá-lo, condição imprescindível para que tenha efeito, o avaliarão somente pelo intelecto. O trabalho de transformação na Umbanda é silencioso e vai se dando de maneira vagarosa e vivenciada conforme a firme atuação dos Guias Espirituais. Essa pedagogia vivencial, como o nome diz, se dá somente com a prática.

Ao escutarmos o Preto Velho no terreiro, vamos solidificando em nós o amor, a paciência, a humildade, enfim, aprendemos a escutar o outro. Se já tivermos essas características latentes em estado potencial de germinação, as aptidões são "encaixadas" em nosso psiquismo com facilidade, e as qualidades dos Guias fluem com mais força. Obviamente, as qualidades específicas da entidade enfeixada dentro da linha dos Pretos Velhos também nos influenciam decisivamente, e não poderia ser diferente, pois, ao contrário, teríamos todos os Espíritos de uma determinada linha iguais uns aos outros, o que seria uma aberração diante da diversidade da Criação.

Ao estarmos frente a frente com o Caboclo, aprendemos a ter disciplina, respeito à hierarquia, a valorizar a liberdade de expressão, conhecendo nosso próprio poder de realização pessoal. O arquétipo dos Caboclos educa os Espíritos em evolução e os orienta naquilo que somos capazes, que devemos ter força suficiente, como se fôssemos flecha certeira, para suportar as vicissitudes e os desafios da vida. Com a altivez dos Caboclos, aprendemos a temperança e a agir resignadamente nos ataques que sofremos dos "inimigos". Intimamente, ficamos impregnados da capacidade de nos relacionarmos com os fatores adversos da vida, em harmonia e sem desesperança.

As Crianças nos ensinam a resgatarmos a "pureza", a não desconfiarmos do outro, a nos entregarmos alegremente e com suavidade em nossos relacionamentos. Também descomprime nossas culpas e "peso" na existência, deixando-nos leves e felizes. Jesus disse: "Deixai vir a mim as crianças, não as impeçais, pois o Reino dos céus pertence aos que se tornam semelhantes a elas". Se considerarmos que o "céu" é um estado íntimo, psíquico, de bem-aventurança e encontro com a divindade interna, concluímos que, ao alcançarmos a consciência de "ser criança", encontraremos Deus em nós.

Nas instruções dadas por Exu, nosso lado sombra vai se iluminando, e inevitavelmente a ganância, a vaidade, a soberba, a ira, o ciúme, os medos indizíveis, o orgulho, a inveja, o egoísmo, os aspectos negativos da estrutura psicológica virão à tona para a periferia do psiquismo consciente, exigindo-nos que trabalhemos neles, transmutando-os positivamente. Ocorre que Exu, como nenhuma outra vibração, tem a capacidade de espelhar o que está "oculto" no íntimo de cada um de nós, descortinando o interior ainda velado, muitas vezes, ao próprio indivíduo. Por isso é muito importante o médium "treinar" dentro do terreiro nas sessões de desenvolvimento, dando passividade e manifestando Exu desde o início, até firmar bem o guardião, o que se concretizará com o autoconhecimento honesto, sem medo, aprofundando a análise de si mesmo e de todas as negatividades, sem culpa ou cobranças de perfeição ilusória. As aparências externas não enganam Exu, e se o médium não desbastar em si seus atavismos, vícios e suas negatividades de caráter, não suportará os trabalhos mediúnicos e, inevitavelmente, sofrerá influência de Espíritos obsessores, denominados "quiumbas".

Apresentamos, a seguir, um breve recorte da psicologia educacional da Umbanda que nos conduz à maturidade emocional e mediúnica, auxiliando-nos em amplo espectro de ação íntima, notadamente no melhoramento de nosso caráter. Pensemos que desde os idos da Umbanda, dentro da diversidade vivenciada nos terreiros, muitas linhas de trabalhos foram criadas e aceitas pelo Alto como um processo saudável de inclusão espiritual. Cada uma traz ensinamentos e atributos a serem internalizados – sejam ciganos, boiadeiros, marinheiros, baianos ou cangaceiros; todos estão irmanados em um único propósito: servir ao próximo, ensinar aos que sabem menos e aprender com os que sabem mais, todos de mãos dadas rumo ao Criador.

Casos verídicos – todo efeito tem uma causa

Toda causa tem seu efeito, todo efeito tem sua causa, existem muitos planos de causalidade, mas nenhum escapa à Lei (Lei Hermética).

Caso 1: a médium festeira

Ao sair de uma festa, uma médium, trabalhadora regular de uma comunidade de terreiro, teve a forte sensação de sofrer um tiro no peito, sua cabeça tonteou e ela caiu no chão. Viu-se fora do corpo, como se tivesse morrido, o corpo físico caído no chão. Nesse momento, uma entidade, que se identificou como Exu Meia-Noite, avisa-a de que, se não tivesse feito isso, ela seria assaltada na próxima esquina e um dos assaltantes daria um tiro em seu peito, pois ela iria reagir ao assalto. Como não era a "hora" dela, pôde atuar protegendo-a e evitando danos imerecidos, visto que estava sendo alvo de um forte assédio espiritual de Espíritos malfeitores.

Ao "acordar" do desmaio, ainda aturdida e assustada, ouviu estampido de tiros na esquina próxima e dois assaltantes fugindo de moto, deixando outra mulher ferida com um tiro na perna. Felizmente, não houve vítima fatal, mas ficou a lição do amparo e da misericórdia divinos, dentro da lei de merecimento, pela qual somos bafejados quando estamos exercitando a mediunidade caritativa em favor dos nossos semelhantes em uma comunidade religiosa que objetiva auxiliar os que a procuram.

Caso 2: desistência de viagem

Outro caso emblemático foi o de um médium que estava para viajar de ônibus para o interior e se viu, na noite da véspera do embarque, fora do corpo, numa espécie de sonho vívido e lúcido, dentro do ônibus, numa gritaria infernal, e este caindo de uma ponte. Durante a catarse e a sensação de quase morte, escutou a voz do "seu" Caboclo – Pedra Roxa –, que disse para ele não viajar naquele dia. Trocou a passagem para o dia seguinte, e realmente o acidente aconteceu como tinha sido avisado, havendo vários mortos noticiados na imprensa.

Alguns poderão perguntar se o médium não deveria ter avisado os outros passageiros. Operacionalmente, avisar os outros não seria possível, pela falta de tempo hábil. Além disso, dificilmente dariam ouvidos, pois milhares de pessoas têm esses sonhos em vésperas de viagens de avião e ônibus e nada acontece. No aspecto espiritual, deve-se sempre orar e vigiar, irradiando vibrações para o bem comum, especialmente numa situação dessas, de "previsão", que o médium nunca terá certeza se é verdadeira ou não, podendo acreditar cegamente e cair em um engambelo de Espírito zombeteiro.

No presente caso, foi verídico, e o medianeiro avisado teve merecimento a respeito, pela sua dedicação na prática mediúnica caritativa em favor de uma coletividade. Casos semelhantes, de sonhos lúcidos premonitórios, devem ser sempre avaliados com muita prudência por médiuns e dirigentes espirituais.

Caso 3: afastada do terreiro

Uma médium que estava afastada há algum tempo das lides de terreiro contraiu uma séria metástase no pâncreas. Ao fazer os exames médicos, verificou-se um tumor do tamanho de uma ameixa. Antes de começar a radioterapia e o tratamento alopático, retornou às atividades mediúnicas, muito tensa e preocupada. Durante a vivência ritual propiciadora do estado alterado de consciência, ficou "possuída" pelo Senhor Caboclo Tupinambá. A entidade pediu um machadinho, símbolo do Orixá Xangô, e dançando como um portentoso pajé, "cortou" o ar com o machadinho na altura do corpo físico da médium, correspondente ao órgão afetado. Ao terminar o gestual ritualístico, "mandou" dizer à médium que a sensibilização dos seus chacras foi para ela ser "cavalo" de terreiro na atual encarnação e que não podia ficar sem a tarefa mediúnica. Avisou que era a última vez que a ajudava, pois não poderia mais intervir a seu favor se ela não voltasse para a prática da caridade. Despedindo-se, disse que os exames médicos não mais acusariam nenhuma moléstia.

De forma incrível para a nossa incredulidade, a médium fez novos exames, e o tumor havia desaparecido, ficando uma tênue cicatriz onde era o tecido mórbido. O médico perguntou onde ela havia feito uma cirurgia tão precisa, e ao responder que tinha sido o "seu" Caboclo no terreiro de Umbanda, o caso foi sumariamente encerrado como sem explicação.

Caso 4: o chamado do coração

Num dia de sessão de caridade pública de passes e aconselhamentos de Caboclos, após a defumação e os cânticos de abertura, incorporou o guia-chefe do terreiro e disse o seguinte ao cambono: "Meu filho, mande chamar a pessoa que está sentada na assistência que usa um aparelho no coração, de vez em quando sente dor no peito e tem disparadas nos batimentos, pois quero falar com ela, que está bastante preocupada com a situação. Mande-a entrar que estou a aguardando".

O cambono, um pouco inseguro, perante mais de 150 consulentes aguardando o início da chamada por ordem de chegada, descreveu o consulente e o chamou. Prontamente, um homem de aproximadamente 45 anos levantou o braço. Em conversa com o Caboclo, este explicou sua situação, o que a originou no passado, fazendo um alerta que a mediunidade estava "aberta", que seria necessário educá-la. Hoje ele é médium ativo, trabalhador da Umbanda, literalmente um filho de Pemba.

O aparelho em questão é o *stent*, uma pequena prótese em formato de tubo que é colocada no interior de uma artéria para evitar uma possível obstrução total dos vasos. A colocação do *stent* é um procedimento invasivo muito eficiente e menos agressivo que uma cirurgia de revascularização convencional, visto que não requer abertura do tórax. Esse pequeno tubo metálico é feito de uma liga de aço e cobalto que se expande dentro da artéria. É utilizado quando há obstrução das artérias coronárias, que são extremamente finas.

Se houver uma lesão que dificulte o fluxo do sangue em 70% ou mais, é necessário intervir, uma vez que uma obstrução dessa magnitude pode comprometer a oxigenação das células do miocárdio, que são dependentes da irrigação da "artéria doente". Em outras palavras, quando o oxigênio não chega às células, pode haver danos, como o infarto. A pequena prótese é inserida para permitir que o fluxo sanguíneo se estabilize e o coração volte a receber oxigênio normalmente. Não por acaso, esse médium é regido por Ogum como Orixá adjunto, o senhor do "ferro" e da vontade, auxiliando-o por intermédio da mediunidade.

Caso 5: um pedido de separação

O consulente chegou à frente do médium incorporado com Exu Tiriri e desfilou um rol de reclamações contra sua mulher, dizendo que não a aguentava mais e queria a separação. Considerava-a um atraso, que não o ajudava em nada. Segundo sua descrição, ele era um advogado renomado, bem-sucedido, com vasta clientela e cultura; a mulher, dona de casa, uma "ignorante" que só ficava vendo televisão e gastando o seu dinheiro nos *shoppings* da cidade. A complicação toda era a partilha dos bens, pois a cônjuge era sócia da empresa. Assim, após esse vasto reclamatório, pediu orientação do Senhor Tiriri.

O Exu vibrado em seu médium deu uma larga gargalhada, umas duas baforadas no grosso charuto, olhou-o bem nos olhos e relatou seu passado, quando só estudava e o dinheiro do pai da esposa sustentava o casal. Descreveu detalhadamente uma loira esguia que trabalhava com ele e, finalmente, arrematou perguntando o que ele fazia a mais nos finais de tarde com essa mulher, pois via os dois rindo, tomando um chope gelado, entre carícias e beijos.

O consulente desabou, e sua vaidade caiu no chão. Lívido, trêmulo e pálido, o renomado e orgulhoso jurista reconheceu que era sua secretária e que se encontrava perdidamente apaixonado por ela. Pediu desculpa ao Senhor Tiriri por ter mentido sobre os reais motivos de sua separação e reafirmou o pedido de ajuda a ele. A entidade riu mais uma vez, não de escárnio, mas para descomprimir a pequeneza e a hipocrisia do homem. Disse-lhe que a loira bonitona o estava magiando, em trabalho pago de amarração amorosa, deixando-o estupefato ante o detalhamento preciso dos seus objetos pessoais que haviam sumido do escritório.

Após, solicitou ao consulente não fazer nada durante sete dias e se, após esse período, sem o envolvimento vibratório do feitiço realizado, que seria desmanchado no Plano Astral, ainda quisesse persistir na intenção de separação, que o fizesse, pois seria um amor verdadeiro e não falsa paixão, assim movendo-se pelo sentimento real e ação do seu livre-arbítrio, e não pela interferência subjugadora de uma vontade externa.

Na outra semana, o consulente voltou acabrunhado, de cabeça baixa, e se dirigiu ao chefe do terreiro, pois não era sessão de Exu, relatando todo o caso, desde a consulta com o Senhor Tiriri, finalmente explicando que pegou a secretária no telefone tramando com seu comparsa um plano para conseguirem a senha do cofre do escritório para um roubo de expressivo valor. Enfim, como se diz, a ficha caiu. O consulente pediu perdão aos Orixás na frente do congá, pois descobriu o envolvimento falso em que se encontrava, sendo infiel pela primeira vez em todos os anos de casado, reafirmando seu amor à esposa e companheira dedicada de todas as horas, mãe de seus três filhos, saudáveis e inteligentes.

Orixás na Umbanda

O que são Orixás, Guias e Falangeiros?

Podemos dizer que a palavra "Orixá", em seus aspectos básicos de interpretação, significa: "luz do senhor", "mensageiro", "força da cabeça". "Ori" significa "cabeça", elemento fundamental para o pensamento contínuo dos seres encarnados, como se fosse uma caixa de ressonância da mente extracorpórea.

O discernimento e o poder criativo da mente ressoam na caixa craniana que abriga o cérebro, mas verdadeiramente sua fonte geradora está num duplo em outra dimensão vibratória, uma força característica, de cada Espírito individualizado, sua essência divina particularizada e diferenciada do Criador, o senhor da força sutil, regente de toda a natureza criada, manifestação diferenciada das qualidades e dos fatores de Deus.

Afirmamos que o Orixá de cada individualidade não tem a ver com uma entidade extracorpórea, mas originalmente com uma essência primordial, interna que o acompanha, energética e vibratória, cósmica, que influencia o modo de ser e o destino de cada consciência – Ori –, seja encarnada ou desencarnada.

Graças às histórias de heróis humanos mantidas pela oralidade, de geração a geração, que se preservaram os conhecimentos das essências ou fatores divinos da cosmogonia religiosa dos Orixás. Com as lendas e o antropomorfismo de cada Orixá (fator divino), eles são interpretados como humanos com poderes sobrenaturais para exercerem o domínio sobre um reino da natureza. Pela representação simbólica de seus aspectos comportamentais, com atributos de divindade materializados numa personalidade, aproxima-se o intangível sacralizado do tangível profano. O sagrado passou a fazer parte da manifestação das almas encarnadas, e o próprio corpo o receptáculo, por meio do transe ritualístico, momento que se unem num mesmo espaço o passado e o presente, o espiritual e o físico, resgatando do inconsciente para o consciente o aprendizado milenar do Espírito arquivado em seu inconsciente profundo.

Em sua essência primordial, são altas irradiações cósmicas indiferenciadas, antes do rebaixamento vibratório até o plano em que vive a humanidade, propiciando a expressão da vida em todo o planeta. Assim como é em cima, é embaixo. O ser humano é um microcosmo reflexo do macrocosmo. Não por acaso, o organismo físico em funcionamento contém todos os elementos planetários: ar, terra, fogo e água.

Temos, em cada encarnação, a influência mais intensa de um determinado Orixá, que podemos chamar de "Pai de Cabeça". Essa força cósmica, regente de frente, é conhecida como Eledá, a responsável por nossas características físicas e psicológicas, de modo que refletimos os arquétipos ou as características comportamentais peculiares ao Orixá que nos rege. Os demais Orixás que nos influenciam são conhecidos como Adjuntós ou Juntós e têm especificidades conforme a ordem de influência, da maior para a menor, em segunda, terceira, quarta e quinta estâncias, ou atrás e na lateral esquerda e direita da cabeça, compondo o que denominamos na Umbanda de coroa mediúnica do médium.

Atuam ainda na coroa do médium de Umbanda os Espíritos Guias e as Entidades que têm compromisso com a tarefa mediúnica, abraçada juntamente no Plano Astral antes da reencarnação do médium. Os Espíritos na Umbanda trabalham enfeixados por linha vibratória, que se organizam por Orixá.

Na Umbanda, de uma maneira geral, não consideramos os Orixás Espíritos individualizados em evolução. Embora nossas irmãs das religiões afro-brasileiras entendam, majoritariamente, os Orixás como ancestrais divinizados, ou seja, Espíritos que encarnaram no passado e foram heróis em suas comunidades e nações, os incorporando numa linha de ancestralidade remota. Na concepção teológica rito-litúrgica que predomina na Umbanda, os Orixás são energias criativas divinas de alta voltagem sideral, impossíveis de serem expressas e incorporadas pelo mediunismo de terreiro. Quem se manifesta pela mecânica de incorporação são os Espíritos Falangeiros dos Orixás, que trabalham agrupados por linhas, que, por sua vez, estão agrupadas pela irradiação de cada Orixá.

Por outro lado, é possível entrar em transe ritual, anímico, que caracteriza os estados alterados e superiores de consciência em que se manifestam os Orixás, que é um processo diferente da mecânica tradicional de incorporação. Ocorre que, de regra, o transe na Umbanda é mediúnico e acontece para que haja a comunicação oral dos Espíritos manifestantes com os consulentes. É a tradicional incorporação, em que o corpo astral da entidade comunicante interpenetra o corpo astral do médium. Obviamente, a intensidade desse mecanismo varia de médium para médium, em conformidade com sua sensibilidade; da irradiação intuitiva à semiconsciência, situação em que o medianeiro se lembra vagamente do que falou nas consultas.

Os cultos ritualísticos que manifestam os Orixás ocorrem, preponderantemente, por um processo arquetípico anímico de transe, que flui do inconsciente do sensitivo, sem incorporação por uma entidade externa (acontece de dentro para fora). Os Orixás de regra não falam e se manifestam nas danças coreográficas que reconstroem suas origens mitológicas, e a partir do transe ritualístico se "humanizam", expressando-se no corpo de quem os "recebe". O gestual simbólico que realizam revive o mito antigo e harmoniza o ambiente e o inconsciente coletivo dos circunstantes, que se ligam reciprocamente por laços de afinidade espiritual, no mais das vezes fruto de encarnações passadas em clãs religiosos africanos, e aí rememoram a mitologia ancestral por meio de movimentos, vestes, sons, cores e gestos das manifestações – estados alterados e superiores de consciência.

Os centros umbandistas ligados a uma ancestralidade africana mais acentuada podem, concomitantemente com os Espíritos Falangeiros, praticarem em seus ritos internos os toques, cantos e as louvações litúrgicas para os Orixás, acomodando-se pacificamente o transe anímico ao mediúnico. Os mentores da Umbanda convivem harmoniosamente com a diversidade.

As possibilidades de interpolações rituais são "infinitas", dada a liberdade que todo sacerdote umbandista, juntamente com seus Guias Astrais, tem de elaboração litúrgica. Essa "elasticidade" de opções fortalece a Umbanda sem descaracterizar seu corpo normativo central, ditado pelo Caboclo das Sete Encruzilhadas, permitindo que cada terreiro tenha uma "identidade" própria, contudo, todos sendo Umbanda – ao contrário do que preconizam muitos cidadãos afeitos às purezas doutrinárias e cartilhas prontas, temerosos do desconhecido e de "novidades", acomodados que estão no tédio do sabido, assim como a preguiça não pula de galho tão facilmente. Os transes rituais induzidos na Umbanda resgatam esses arquétipos, dos Orixás, e funcionam como potentes catalizadores para a manutenção da saúde, da cura e autocura umbandistas.

No dia a dia dos terreiros, não é incomum nos referirmos aos enviados dos Orixás como sendo o próprio Orixá. Então, um Caboclo de Ogum, Oxóssi ou Xangô é chamado, respectivamente, de Ogum, Oxóssi ou Xangô.

Concluindo, existem ainda os Orixás individuais de cada médium, que compõem a coroa mediúnica pessoal, isto é, o Eledá e os Adjuntós. Assim, podemos dizer que associados ao Ori – cabeça – de cada medianeiro se aglutinam os Guias e Guardiões espirituais, Espíritos que são consciências, têm inteligência e compromisso de trabalho com o médium, que se farão manifestar por meio da mecânica de incorporação, irradiação intuitiva, inspiração, vidência, audiência e demais "dons" mediúnicos, nas tarefas caritativas que foram previamente combinadas no Plano Astral antes do reencarne do médium.

Ori – a sede da alma

Segundo uma historieta da rica e vasta mitologia iorubana, na fabricação dos homens não bastou o sopro da vida de Olurum (Deus) para infundir-lhes vida. Corpo e alma não eram suficientes, era preciso infundir uma personalidade em cada ser humano. Assim, foi chamado um velho oleiro, já cansado, para fabricar as cabeças de argila (duplo no Plano Espiritual) capazes de darem aos homens a individualidade de caracterizá-los diferentes uns dos outros por toda a sua existência. Ocorre que Ajalá, este era o nome do oleiro, era meio distraído e cansado, o que fez com que as misturas e os moldes, bem como o tempo de cozimento, não saíssem perfeitamente iguais, sendo que algumas cabeças ficaram com defeito.

Assim se explica a diversidade de carismas humanos, os temperamentos e as predisposições diferentes de cada indivíduo, decorrentes de sua cabeça, Ori, ou subconsciente profundo. Poderíamos denominar de "cérebro" anímico, de núcleo vibratório propulsor intrínseco do Espírito, que tece o seu destino em cada reencarnação, o seu programa de vida humano, aquilo que se tem de trabalhar e melhorar para robustecer um bom caráter numa vida terrena, por sua vez auferindo contínuo retorno dentro das reencarnações sucessivas atreladas à lei universal de causa e efeito.

Na Umbanda, o principal e mais conhecido, não o único, culto ao Ori (cabeça) se chama amaci, que é um nome de origem nagô. É o ritual de lavagem das cabeças com folhas maceradas, objetivando o fortalecimento do tônus mediúnico. Podemos ter amacis e preceitos específicos, em conformidade ao Eledá – acomodação das vibrações dos Orixás no médium. Isso requer que o dirigente tenha habilidade de "rastrear" e "mapear" adequadamente essas forças que interagem e influenciam o Ori. Tarefa que não é fácil, muito séria e de profunda responsabilidade. No aspecto espiritual profundo, o culto a Ori objetiva nos conduzir a um processo interno de autoconhecimento, modificador, nos auxiliando para que sejamos felizes aqui e agora, para que nos libertemos de culpas e recalques do passado, para que não temamos o futuro. Temos muitos bloqueios em relação à abundância e prosperidade e, por vezes, estamos desconectados da fonte universal, amorosa e provedora.

Podemos afirmar que Ori é a partícula imortal, divina, de cada um de nós. Tem sua contrapartida ou morada física no meio de nossas cabeças, no entorno da glândula pineal, podendo também ser entendido como a mente extrafísica em toda a sua potencialidade, tendo em seu núcleo central, se assim podemos inferir, numa linguagem tosca para algo um tanto complexo e metafísico, a mônada ou centelha divina. Ori pode ser entendido como o "nosso" Orixá pessoal. Na verdade, ele é o Eu Sou, ou seja, nós mesmos, só que em sua essência luminosa, refulgente, pura, semelhante a Olurum.

Numa tentativa de entendimento mais abrangente, podemos dizer que nosso Ori é formado de elementos, como se fosse uma matriz energética feita quando Deus nos criou. Em cada encarnação, é modelado um corpo físico, que nada mais é do que essa matriz energética envolta no Corpo Astral – perispírito –, particularizada no processo reencarnatório. Essa matriz energética é única, nunca morrerá. Chegará um dia em que o Corpo Astral "morrerá", o que os ocultistas chamam de segunda morte, e passaremos, a partir de então, a habitar planos vibratórios muito próximos e semelhantes à essência divina – sopro criador – que anima nossa mônada, centelha ou Ori.

Assim como não existe uma estrela igual à outra no Universo, essa combinação da "química" cósmica que nos liga a um corpo físico, nossa estrutura metafísica entendida como Ori – mental subconsciente imortal –, definirá como reagiremos e nos comportaremos com o mundo físico, sobrenatural, religioso, psicológico e mediúnico, com sérios impactos em nosso equilíbrio psicobiofísico, na medida em que determina o nosso Eledá, ou seja, o conjunto específico de irradiações vibratórias que formam nosso Ori, particularizado numa encarnação, que tem influências centrífugas, de dentro para fora, de nós para com o meio e para com os outros, e centrípetas, do meio e dos outros para conosco.

Quando falamos em destino, não significa determinismo, e sim que existe um núcleo "duro" imutável e uma periferia "mole", que os nossos atos, dentro da relação de causa e efeito e exercício do livre-arbítrio, podem estar constantemente alterando para melhor ou para pior, ocasionando caminhos abertos ou fechados; bem-estar, alegria e saúde; ou infortúnio, tristeza e doenças. Assim, podemos perceber o papel de Ori em nossas vidas relacionado, em larga escala, aos nossos destinos pessoais.

Os sucessos e insucessos e todo o plano de provas que teremos de passar, onde encarnaremos, em que raça, quem serão nossos pais, irmãos e primos, condição social, econômica etc., enfim, receberemos o roteiro no momento em que tivermos que voltar para a Terra e ocupar um corpo de carne, conscientemente ou não. Obviamente que parte do que vivenciaremos será escolha nossa e opção aceita pelo nosso livre-arbítrio, outras são colheitas obrigatórias da semeadura livre a que temos direito e que realizamos no passado, tudo testemunhado pelos mestres cármicos do "lado de lá", que nos assistem, e devidamente anotado em nossas fichas cármicas e arquivado nos tribunais divinos.

Está claro que existe uma margem flexível pela qual podemos transitar em vida terrena e outras "duras" que não poderemos alterar. Raramente escolhemos quem serão nossos parentes, bem como não conseguimos alterar nosso biotipo físico, mas podemos ter mobilidade social, para cima ou para baixo, dependendo de como utilizarmos nossa inteligência. Acima de tudo, é válido se tivermos um bom caráter, pois riqueza e ascensão fazendo o mal ao outro põem a perder o nosso programa de vida, e o nosso "destino" numa encarnação pode se complicar ainda mais.

Nosso Ori é indestrutível, motivo pelo qual "o homem foi feito à imagem de Deus", e Jesus, mais tarde, confirmou ratificando-nos: "Vós sois deuses!" Ou seja, nós, encarnados aqui e agora, não precisamos esperar um futuro, negociando e trocando com o sagrado. Podemos iniciar a purificação de nossos perispíritos já, porque somos modelados pelo sopro e na luz do próprio Deus. Quando o homem se animaliza, ele adensa a sua vestimenta perispiritual, reduzindo a irradiação de luz; mas na prática das virtudes e do bom caráter, adquirindo sabedoria, clareamos esse envoltório, expandindo o alcance de nossa luz interna que jaz intocada.

A Coroa Divina – Orixás e Ori

A influência dos Orixás sobre o Ori, consequência da sensibilização sofrida antes de reencarnar – como o reflexo de um espelho –, terá suma importância na consecução do plano de vida ou destino na presente encarnação. No culto a Ori na Umbanda, é vital o entendimento da composição dessas forças sagradas para o fortalecimento dos médiuns, e o seu levantamento pormenorizado é realizado pelo senso de observação do dirigente, que ao longo do tempo vai desenvolvendo extrema acuidade anímica para isso. O jogo de búzios, por exemplo, funciona como uma espécie de bússola para o olhador, em verdade apurando sua capacidade intuitiva e de percepção extrassensorial.

Para entendermos melhor a regência dos Orixás na cabeça de um médium, imaginemos a dinamite em abrupta explosão na rocha, causando uma onda de choque sonoro no sistema nervoso de quem a recebe com impacto, promovendo um deslocamento na estrutura celular do corpo físico. Assim, os sentimentos e as ações movidos pelo egoísmo e pelo desamor contra o semelhante perturbam as substâncias mais finas da estrutura atômica do Ori e, consequentemente, dos corpos astral e físico, em decorrência da ressonância no meio ambiente próximo daquele que as emite consciente ou inconscientemente, intencionalmente ou não, resultando no bloqueio vibratório da Lei de Afinidade em seu aspecto positivo e benfeitor.

Ainda que tenhamos a sensibilidade mediúnica exaltada para receber a energia dos Orixás, a fim de facilitar o nosso equilíbrio, como um edifício construído por consistente argamassa que sustenta os tijolos, pensemos que o efeito causado por nossos desequilíbrios emocionais constantes acaba por causar uma fissura na estrutura atômica dos nossos corpos e chacras. Esses desequilíbrios são oriundos dos maus pensamentos que emitimos e agem como potentes golpes contra as paredes desse prédio, ocasionando as mais diversas anomalias comportamentais e instabilidades na recepção da vibração dos Orixás, que ficam descompensados em nossas cabeças – Ori.

Em nosso psiquismo, estão registrados hábitos viciados de outrora, que serão refreados pelas energias contrárias dos Orixás, para que sejam possíveis o equilíbrio e a superação cármica, enquanto Espírito reencarnante que não se recorda de seus atos pretéritos quando em estado de vigília. É como usar um sapato de numeração menor, com cadarço apertado.

Assim, certos aspectos comportamentais são aprimorados de acordo com a influência dos Orixás, como, por exemplo, o exaltado guerreiro de outrora que vem com Oxum de frente para "esfriá-lo", ou uma pessoa muito passiva e submissa que tem a irradiação de Ogum para "esquentá-la", ativando sua vontade anêmica.

Se o psiquismo estiver saturado de energias positivas ou negativas, em abundância ou escassez, quentes ou frias, o ser encarnado poderá ter sérios distúrbios psíquicos decorrentes dos pensamentos desalinhados, os quais interferem na emotividade e causam sequelas nefastas quando somatizados, surgindo daí fobias, pânicos, depressões, ansiedades, fascinações, obsessões e doenças diversas.

Resumindo: o médium sente com mais intensidade a influência dos Orixás de acordo com a proporção da regência de sua coroa mediúnica, ou seja, somos mais sensíveis a determinados Orixás do que a outros. Como exemplo, apresentamos a seguir a regência da coroa mediúnica de um médium hipotético:

Orixás regentes – demonstrativo hipotético de influência na cabeça (Ori) de um médium:

Ogum (primeiro) 30 a 40% – Orixá de frente.
Oxum (segundo) 15 a 20% – Orixá adjunto.
Obá (terceiro) 10 a 15% – Orixá da esquerda.
Omulu (quarto) 5 a 10% – Orixá da direita.

Os demais Orixás se "pulverizam", alterando-se em determinados momentos de nossa existência, como em situações em que nos deparamos com um problema sério de saúde ou passamos por mudanças pessoais abruptas. Nesses casos, a regência do Orixá poderá ser alterada momentaneamente, prevalecendo a energia afim necessária ao momento cármico.

Há de se comentar o comprometimento cármico que a regência dos Orixás estabelece com os Guias do "lado de lá". Existe uma correspondência vibratória com as entidades que assistem os médiuns, as quais, por sua vez, também estão evoluindo. No caso do demonstrativo hipotético de influência suprarreferido, muito provavelmente o Guia principal que irá amparar esse medianeiro, e dele se servir, será de Ogum, embora isso não seja obrigatório.

Consideremos aí a sensibilização fluídico-astral recebida pelo médium antes de reencarnar, a qual foi detalhadamente planejada para funcionar como um "perfeito" encaixe vibratório para a manifestação mediúnica durante as tarefas caritativas, especialmente por se tratar da complexidade do mediunismo de terreiro.

Um dos maiores ensinamentos que o culto a Ori nos proporciona é a melhor compreensão de nosso universo interno, o que nos leva a fazer a relação que aquilo que está fora de nós – macrocosmo – influencia o que está dentro – microcosmo – e vice-versa. Mais do que isso, o predomínio de pensamentos negativos, conforme o caso, gera e induz poderosos fluxos emocionais que percorrem cada indivíduo, afetando seu metabolismo particular e, por conseguinte, modificando o funcionamento de cada célula e o complexo neuroquímico que é gerado pelas glândulas ligadas a cada chacra.

Assim, não é difícil concluir que nosso Ori interfere em nossos pensamentos, que, por sua vez, se ligam e geram emoções. Por meio destas, todos os seres se comunicam com seu cosmo orgânico interno e com outros seres em similitude de vibrações, dentro da máxima de que afim atrai afim.

Se tivermos uma imaginação boa, podemos enxergar dentro de nós, assim como enxergamos por fora todos os fenômenos da natureza e, consequentemente, os pontos de forças relacionados aos Orixás. Dentro de nós, às vezes, chove, faz frio ou calor, temos tempestades e vendavais, por vezes tufões e terremotos, tem dias que estamos secos e em outros somos enchentes, há dias em que estamos dando trovoadas entre relâmpagos. Finalmente, também somos brisas mansas e frescas. Nosso manancial cármico subconsciente, que jaz impresso em nosso Ori, provoca ventos e chuvas, calor e seca, assim como todos os eventos que ocorrem naturalmente no planeta. Em nosso universo interno, temos correspondência, alterando positivamente ou, por vezes, instabilizando nosso psiquismo.

Especialmente os médiuns, notadamente os de terreiro, têm sensibilidade exacerbada com essas forças internas ligadas aos elementos da natureza e aos Orixás, carecendo pontualmente de preceitos energéticos para se descarregarem, vitalizarem ou simplesmente se conhecerem. Para tanto, se torna indispensável o conhecimento da regência dos Orixás no Ori, o que popularmente é conhecido por *coroa mediúnica*.

Com a compreensão e o culto a Ori, irmanados pelo entendimento e pela vivência com a religião dos Orixás na Umbanda, podemos educar-nos melhor para gerarmos pensamentos retos, termos emoções equilibradas e, consequentemente, uma melhor sanidade geral, caminhando com passos firmes no nosso propósito de vida e destino pessoal rumo ao homem de bom caráter e – por que não? – feliz, com abundância e prosperidade na presente vida.

Exu: organizador e mensageiro cósmico

Exu não é uma tema fácil de ser escrito. Foram necessários longos anos trilhando o caminho da vivência mediúnica no terreiro de Umbanda, aproximadamente as últimas duas décadas, para que conseguíssemos abordá-lo com isenção de julgamentos e imparcial profundidade. Dessa forma, foi preciso escoimar interferências de doutrinas que impõem penas eternas, culpas, pecados, punições e ameaças, que lamentavelmente estão arraigadas no subconsciente profundo de todos nós, por sofrermos o impacto no psiquismo de tantas encarnações sob o domínio de religiões castradoras, notadamente o catolicismo.

Muitos equívocos relativos à natureza e função de Exu decorrem do fato de ele ter sido maquiavelicamente traduzido da expressão original da língua iorubá como Satã, o diabo judaico-católico, ou Príapo, o deus fálico greco-romano, guardião das casas, praças, ruas e encruzilhadas. Na mitologia de origem, nagô, explica-se a criação do Universo manifestado, assim como em tantas outras religiões. Na cosmogonia iorubana, Exu foi o primeiro Orixá a ser criado para ser ordenador de todo o sistema cósmico. A gênese mítica nagô, em alguns registros etnográficos – não unânimes –, relata que Oxalá já era criado, mas "habitava" imanifesto "internamente" em Deus. Após Exu ser criado, ele foi o primeiro Orixá a se manifestar. A seguir, Oxalá "pôde" expressar-se como espaço infinito, que deixou de ser o nada, a vacuidade inerte – voltaremos a esse conceito mais de uma vez.

Exu é atributo divino primordial na criação universal que se manifestou em idos primevos, que "permite" e permeia toda expressão das vidas, que se deslocam do Imanifesto

– Deus – e se tornam manifestas, precisando ser "agasalhadas" por uma forma. Enfim, Exu impõe movimento no espaço – que seria Oxalá manifestado depois dele – "cheio" de fluido cósmico, fazendo-o condensar-se, como consequência da própria Mente Universal, imprimindo sua força n'Ele (o contém e é contido por Exu), no início de toda coisa criada existente no Cosmo, ou seja, nada existia, tudo era vacuidade. Eis que se fez a primeira luz e movimento, nasceu Exu, o primeiro elemento morfológico universal.

Há que se considerar que a Umbanda não tem uma codificação, um livro sagrado, um profeta ou um "papa" do saber. Tentaram estigmatizar a Umbanda como religião revelada, como se um eleito profeta descortinasse seus mistérios, mas o estudioso acurado percebe que se criaram muitos conceitos equivocados, na ânsia de se conseguir o poder pelo reconhecimento da massa umbandista, o que felizmente nunca houve de forma majoritária. Em verdade, os dirigentes umbandistas têm total autonomia para estabelecerem seus rituais e chaves de interpretações teológicas, para falarem, escreverem e omitirem suas opiniões, sem terem a revelação divina. Obviamente, todos falam das suas "Umbandas", isto é, da Umbanda que praticam em seus terreiros, pois ninguém tem autoridade, fruto de um poder central, para falar em nome da Umbanda como um todo.

Temos que ressignificar Exu, particularmente em seu esoterismo, realçar os aspectos éticos e benfeitores da cosmovisão tradicional, base do culto aos Orixás em sua origem africana, reinterpretando-o sob a perspectiva vivenciada no tempo e no templo religioso, em conformidade com as representações simbólicas e metafóricas reservadas a Exu contidas no saber recebido das entidades espirituais e dos registros escritos e orais dos seus versos e parábolas. Muitos atribuem uma "maldade" a Exu por causa dos mitos, inclusive certas lideranças diretamente envolvidas na diáspora do culto aos Orixás iorubanos no Brasil.

O imaginário umbandista ainda vigente em muitas regiões deste imenso país, para compensar essa "distorção" do Exu original africano, fazendo-o "bom", colocam-no menos "evoluído" do que Caboclo e Preto Velho, hierarquizando esse atributo – evolução. Enfatiza-se a forma de apresentação e esquece-se a essência. Outro aspecto a se refletir é sobre a citação da mitologia de Exu: os mitos são metáforas, símbolos, portanto devem assim ser interpretados. O maniqueísmo e o mal existem como frutos da mente dos homens, se não fosse assim, não existiriam Espíritos maus ou bons.

O Exu mitológico é um espelho pedagógico de nós mesmos, sabiamente uma maneira didática de explicar, no contexto de época, o Sagrado a criaturas primárias de compreensão mais metafísica, todavia simples e mais benevolentes do que os estudados homens modernos espiritualistas que tudo sabem. Desse modo, o primeiro Orixá criado que se manifestou fora do "corpo" de Deus (Oxalá existia internamente antes de Exu) para ser ordenador do sistema cósmico, na diáspora brasileira, é sincretizado com o Diabo católico, perdendo seu direito de ser Orixá e passando a ser entidade sob a ordem de outras, menos evoluído e com menos discernimento e senso de valor do que seja certo e errado perante as Leis Cósmicas. *Um grande equívoco!*

Convencionou-se que Exu é supervisionado por um enviado de Orixá (Espírito dito Falangeiro). Essa é outra imprecisão diante do que realmente acontece na dimensão espiritual, primeiro porque Exu não é incapaz e tem hierarquia cósmica que supervisiona a todos indistintamente e, segundo, porque Exu sempre trabalha junto e a favor dos Orixás – das Leis Universais, da ordem e do equilíbrio. Enfim, com tanta punição judaico-católica em nosso inconsciente e com o apelo espiritualista ortodoxo de que precisa haver sofrimento para queimar o carma, nada mais natural que Exu, o primeiro Orixá a ser criado na cosmogonia de origem – iorubana – ser colocado na esquerda – inferior – sob controle. Nossos medos de falhar e de pecar ainda são muito fortes no imaginário da maioria dos centros de Umbanda – felizmente, não todos.

Exu traz consigo a neutralidade, e a partir dele todos os demais atributos divinos, isto é, os Orixás, puderam "soltar-se" do Criador e mergulharam no "corpo de Deus", um oceano cósmico de fluido vital – prana ou axé –, imergindo nas dimensões vibratórias criadas, num rebaixamento energético e de frequência. Assim, vieram até o mundo manifestado terreno, que esotericamente entendemos como forças da natureza.

Nesse sentido, Exu é o dono dos caminhos na mais profunda significação e significados, pois ele é o grande movimento cósmico (*mensageiro*, *mediador* e *comunicador*), permitindo, em conformidade com a volição do Criador, a existência da vida em todas as latitudes universais. No processo criativo divino, contínuo e ininterrupto, Espíritos são criados e "jogados" para fora do útero genitor – Deus é pai e mãe –, e Exu impulsiona essas mônadas primevas (centelhas) a mergulharem no oceano da existência que lhes dará, gradativamente, as formas adequadas para que possam existir nas diversas profundidades ou dimensões. São-lhes ofertados corpos espirituais propícios ao meio que habitarão. O próprio Deus lhes presenteia.

Exu, esse desconhecido na Umbanda, é o guardião de todas as encruzilhadas vibratórias, passagens e pontos de encontro que se cruzam, tangenciam e são subjacentes entre si, compondo as diversas faixas de frequência que pairam no Universo criado. É como se fosse uma gigantesca e infinita malha cósmica (símile a uma rede de pesca), em que cada nó é mantido coeso pela ação de Exu, que assim organiza e permite o trânsito em todos os fios que compõem o Cosmo. Nesses nós, encruzilhadas, os caminhos se cruzam; uns vão, outros vêm, é um ir e vir constante, onde são ofertados os muitos caminhos e as possibilidades de trânsito entre o Orum – planos espirituais – e o Aiyé – planetas e seus duplos etéreo-astrais.

A natureza de Exu que se manifesta nas humanas criaturas implica o aprimoramento de qualidades inerentes a ele: ordem, disciplina, organização, paciência, perseverança, bom senso, discernimento, responsabilidade, confiança, justiça e comprometimento, permeados pela alegria de existir, a felicidade. Assim, é lamentável que escutemos referências a Exu sendo ordenado para que "destrua" algo ou alguém, fulano ou sicrano mandado por beltrano, se a sua essência primordial é o equilíbrio de todo o sistema cósmico propiciatório à existência da vida em amplas perspectivas de melhoramento íntimo, polindo o caráter, impulsionando-nos à evolução constante e ao "retorno" aos atributos divinos do Criador, fazendo a ligação com todos os Orixás. Não por acaso, Jesus vaticinou-nos referindo-se à nossa condição de seres imortais: "vós sois deuses". E arrematou: "podeis fazer o que faço e muito mais".

Os regentes dos elementos planetários

O Cosmo não teria sentido se Deus vivesse "só" no infinito. Os elementos constitutivos do Universo, por vezes inóspitos aos humanos, são gregários (atraem-se) e têm por objetivo superior gerarem a vida. A mente cósmica está em constante renovação e incessante criação de novos Espíritos. Caminham inexoravelmente à individualização, assim como a areia da praia é formada por incontáveis grãos. A essência divina que preenche tudo o que existe é fundamentalmente "socializante"; se relaciona, dialoga, interage e é puro amor.

Os poderes de realização dos Orixás são forças interagindo constantemente com a natureza, são inerentes, assim como os dedos fazem parte das mãos. Os Orixás se "manifestam" o tempo todo em nossas vidas. Eles são os regentes dos elementos planetários: ar, terra, fogo e água. Atuaram decisivamente na gênese e formação planetária. Foi pela vontade dos Orixás, o "desejo" de Deus, que os engenheiros siderais executaram a obra de criação divina, que existia projetada na Mente Universal. Após os mares, as florestas, os ventos, as chuvas, as tempestades e os solos estarem "acabados" e a Terra com vales férteis verdejantes repletos de animais, encarnaram os primeiros egos humanos.

A condição propiciatória da vida no planeta mantém-se pelo influxo do poder de realização dos Orixás sobre os elementos que lhes são constitutivos e ao mesmo poder que organizou o caos inicial da criação, também sob o impulso de Exu, o grande pedreiro da criação divina, que forneceu o cimento – massa primeva – para os regentes dos elementos fazerem a construção.

Exu, enquanto Orixá partícipe da gênese divina desde os primórdios da primeira forma criada em nossa esfera vibratória – plano concreto ou material –, atua em todos os quatro elementos planetários. No movimento de rotação planetária, no calor do Sol, na queda do sereno na madrugada, nas marolas e ondas marítimas, dos deslocamentos eólicos polares frios até a profunda liquidez em altas temperaturas do centro do planeta, temos a ação contínua de Exu, o mensageiro e grande organizador do caos inicial de todos os elementos.

A partir da volição de Exu sobre o ar, a terra, o fogo e a água, imposição condensadora dos elementos na forma que entendemos como forças da natureza, os Orixás atuaram e atuam na construção e manutenção da vida, ao menos enquanto os "homens" permitirem. Ocorre que a destruição da natureza significará a falência da ação dos Orixás em nossas vidas e a desorganização da condição propiciatória às vidas vegetal, animal e hominal, reinstalando-se o "caos inicial e a força instintiva primária dos elementos, que "destruirão" toda a obra da criação planetária. O gradativo aumento de terremotos, comoções climáticas e geológicas é consequência da resposta "instintiva" desses elementos, que buscam a reorganização perante a desordem destrutiva que os homens estão causando.

Cada um dos quatro elementos tem ligação com os Orixás que lhe corresponde, a saber:

- **Ar** ou força de realização eólica: Oxalá e Iansã.
- **Terra** ou força de realização telúrica: Oxóssi, Omulu/Obaluaê e Nanã.
- **Fogo** ou força de realização ígnea: Ogum e Xangô.
- **Água** ou força de realização hídrica: Iemanjá, Oxum e Obá.

Observemos que todos os Orixás se relacionam uns com os outros o tempo todo. Devemos compreender que os Orixás ou elementos regidos por suas forças impulsionadoras completam-se com os demais, nunca agem sozinhos, formando adjuntos para um mesmo objetivo, capaz de direta ou indiretamente se influenciarem de forma recíproca. Assim, se uma água fria esquenta, um vento quente esfria, a água rega a terra ou o fogo a abrasa, há o entrecruzamento dessas forças de realização se esforçando para a manutenção do equilíbrio microcósmico e macrocósmico.

Obviamente, no éter – duplo etéreo – de tudo que existe são mais intensas essas forças e, por conseguinte, tem imenso impacto na esfera vibratória do Plano Astral mais próxima da humanidade, que reconhecemos como umbral – nessa dimensão a força dos elementos se multiplica por dez no mínimo. Nossa condição mental interfere negativamente nos elementos etéreos e cria o que Dante definiu como inferno.

Temos que usar de muito bom senso quando evocamos as forças regentes dos elementos planetários. A água sacia a sede ou pode afogar, o fogo aquece-nos do frio ou tosta-nos numa fogueira, a terra nos fornece o alimento ou nos ataca em tempestade de areia. Uma pedra constrói fortalezas, mas se jogada, ataca inimigos. A intenção mental que imprimimos em nossos ritos com os Orixás ancora-se num tênue eixo de equilíbrio ou desequilíbrio diante das Leis Cósmicas. Infelizmente, certos seres humanos transferem sua falta de caráter para a religião, lidam danosamente com os elementos e criam para si sérias consequências. A sincronicidade e ressonância que os Orixás respondem são criações da Mente Universal – Deus. Exu, o grande organizador do caos inicial, inexoravelmente reorganizará o que estamos desorganizando.

É importante entendermos que, assim como o calor do Sol esquenta nossas cabeças, o gelo esfria nossas mãos, o vento balança nossos cabelos e a terra alimenta-nos, cada elemento estrutura a composição energética humana, tendo correspondências vibratórias com certos órgãos e na manutenção do equilíbrio, da saúde, da homeostase e higidez dos corpos físicos. Nossos pensamentos equivocados quebram o fluxo de axé (fluido vital ou prana) relacionado aos quatro elementos planetários, obstrui o chacra coronário e deixa de redistribui-lo para os demais chacras e plexos nervosos. A partir disso, instalam-se as somatizações e nos tornamos alvos das mais diversas moléstias.

Claro está que não conseguiremos "esgotar" o tema neste breve texto. Todavia, após décadas de pesquisas experimentais no mediunismo de terreiro e de anotações sistematizadas de observações, indicamos as obras do autor – descritas nas referências bibliográficas – para um maior aprofundamento.

Nossa ideia é correlacionar minimamente algumas características da regência dos principais Orixás cultuados na(s) Umbanda(s) por elemento, contribuindo para o estudo inicial de todos os devotos, adeptos e médiuns. Nos próximos subcapítulos, continuaremos analisando as vibrações dos Orixás por elemento. Observem que entre parênteses aparece um segundo e até terceiro elemento relacionado ao Orixá, que se deve em função dos atributos dos elementos se completarem: frio e quente (ar e fogo), denso e rarefeito (terra e ar), rápido e lento (ar e terra), fluido e moldável (água e terra).

Ar: Oxalá e Iansã

Oxalá (água)

É o Orixá detentor da regência sobre a atmosfera. No sentido esotérico profundo, é o responsável pela aura planetária. Representa o poder criador masculino, o pai de todos. Foi Oxalá que estabeleceu na "morte" o grande nivelador universal, igualando a todos que fazem parte do ciclo da vida humana terrena. Até que desenvolvamos o amor fraterno, sem egoísmo, reencarnaremos com prazo de validade, com o tempo de nascer e morrer cronometrado no relógio cósmico do mundo de ilusão, para que despertemos para a realidade do Espírito imortal.

Todas as representações simbólicas desse Orixá incluem a cor branca. Significa todas as possibilidades que remetem ao elemento-base primordial da criação da vida, a "massa" primeva de ar e água, a protoforma que foi a substância fundamental para a "fabricação" das criaturas no planeta. Oxalá é o rei do pano branco, pois essa cor contém todas as demais cores e de sua força dependem todos os seres que habitam a psicosfera terrena, encarnados e desencarnados. Mostra-nos a brancura do indeterminado, logo todos os começos e as possibilidades de criação. Afinal, não por acaso a mitologia contempla Oxalá com o epíteto de Oleiro Divino.

Os enredos narrados nos mitos da criação iorubá relatam que foi Oxalá o primeiro Orixá encarregado por Oludumaré (Deus) para criar não só o Universo, mas todos os seres vivos sencientes que existiram nos mundos. Assim, Oxalá é o Pai da Humanidade, partícipe da gênese divina e síntese do poder genitor masculino. Não por acaso, o esperma é branco, e esta é a cor representativa desse Orixá no microcosmo humano. No macrocosmo, nos primórdios da origem dos mundos manifestados na forma, pairava uma massa plástica (moldável pela vontade divina) etéreo-astral "esbranquiçada". A partir da "manipulação" com os primeiros elementos eólicos formados e condensados dessa massa primordial rarefeita, o poder volitivo desse Orixá estabeleceu condições propiciatórias básicas ao futuro surgimento da vida humana – assim criou o ar e depois a água no planeta.

Iansã (fogo)

Orixá regente dos ares em movimento, a Senhora dos Ventos, Raios e Tempestades. O tempo quando fecha e se "arma" para chover simboliza a força de Iansã, guerreira, intensa e dinâmica por vocação. Integra ainda os atributos volitivos de Iansã o lado oculto das tempestades, que fazem grandes assepsias energéticas no plano hiperfísico – sobrenatural – da psicosfera terrena.

Produzimos ininterruptamente formas-pensamento deletérias, emanações naturais da baixa condição moral e do primarismo instintivo sensório ainda vigente nos cidadãos. Essas vibrações se "acumulam" formando gigantescos egrégoros, como se denominam as forças etéreas criadas a partir do somatório das vibrações mentais-emocionais, decorrentes da aproximação de duas ou mais pessoas. Entendamos egrégora ou egrégoro como sendo um campo vibracional extrafísico que está presente em todas as atividades humanas e paira sobre os centros urbanos. Com a ação das tempestades, ventanias e raios, deslocam-se essas energias, que acabam desintegradas na dimensão etéreo-astral, repercutindo num ambiente físico higienizado, assim como fazemos faxina em uma casa suja.

A busca intensa da independência, do sustento próprio, a obstinação em vencer os desafios da vida, não fugir das lutas, remetem ao poder de realização de Iansã. Vibração quente e rápida (ar + fogo), intensa, que nos faz mudar de posição em conceitos petrificados e opiniões definitivas, alterando hábitos e comportamentos.

Sua força "limpa" nossa mente, removendo pensamentos "escuros", mórbidos, de medos, apreensões e recalques diversos. Tem a capacidade de mudar os pensamentos e assim alterar e reconstruir nossas sinapses neuronais, estabelecendo novos circuitos elétricos que nos libertam dos hábitos escravizantes, não sem antes causar uma "tempestade" mental – catarse – com explosão emocional. É como o entornar do balde, que encheu e não suporta mais nada dentro. Assim, dá-nos dinamismo mental, criatividade e maior acuidade em percebermos a real intenção dos que nos cercam.

Terra: Oxóssi, Omulu/Obaluaê e Nanã

Oxóssi (ar)

Esse Orixá cumpre um papel importante de civilizador da humanidade. Representa a busca da sobrevivência, feita antigamente de forma arcaica, a caça e a coleta. Oxóssi representa a procura incessante dos homens por aperfeiçoamento de métodos e processos que lhes possibilitem sobressaírem-se sobre os demais no espaço coletivo da natureza.

Obviamente que, para ser um caçador como Oxóssi, são indispensáveis a vitalidade e a força juvenil. O caçador não é mais o homem que se adapta passivamente às condições externas da vida. Ao contrário, ele aprende a conhecer a "selva", desvendando seus segredos, armadilhas e habitantes, para assenhorar-se dela, dominá-la e dela extrair seu provento e sobrevivência de sua "tribo".

Oxóssi é solitário, gosta de ar e liberdade, não suportando ambientes fechados e ficar trancado. É o grande supridor, Orixá da fartura e da prosperidade. Representa a meta, o foco mental, a estratégia e a astúcia no cumprimento de objetivos que foram planejados. Inteligência e cautela, o pisar na terra sabendo onde se pisa, associada à fluidez na construção de pensamentos (ar) com forte e arguto senso de observação sobre o ambiente externo fazem de Oxóssi o rei dos caçadores, nunca erra o alvo, é sempre certeiro. O principal instrumento simbólico é o arco e flecha. Raramente entra em combate direto.

É esguio e ágil, estrategista, atira a flecha a distância, em segurança e silêncio. Há que se considerar que o arco e flecha é uma invenção da inteligência, do senso arguto de observação, uma vez que se opõe à força bruta do combate direto. Para se utilizar com habilidade o arco e flecha, não basta ser forte, ter braço firme e uma exímia pontaria. É indispensável um estado psicológico sereno, de pleno domínio sobre si mesmo, equilibrado e com rara concentração mental. Podemos inferir, desse modo, que para termos foco e atingirmos nossos alvos – metas de vida – é indispensável a força interior que uma mente saudável propicia.

Omulu/Obaluaê (fogo)

Uma dúvida entre os irmãos umbandistas é se Obaluaê e Omulu são o mesmo Orixá. Sim, falar em Obaluaê ou Omulu é falar no mesmo Orixá. Obaluaê – Yorùbá Ọbalúwaìye – é uma flexão dos termos: "Ọba" (rei), "Olúwa" (senhor) e "Ayé" (terra), ou seja, "Rei, senhor da Terra". São também comuns as variações gráficas Ọbalúwàiye, Obaluayê e Abaluaê. Omulu – Yorùbá Ọmọlú – é uma flexão dos termos: "Ọmọ" (filho) e "Olúwa" (senhor), que quer dizer "Filho do Senhor".

Em sua representação antropomorfa (humana), cobre-lhe o rosto um filá (vestimenta de palha-da-costa), pois não conseguimos olhar para o rosto sem que nos ceguem os olhos, dada a intensa luz que emite, como se fosse um Sol em miniatura. Obaluaê é o mais moço, o guerreiro, caçador e lutador, e Omulu é o mais velho, o sábio, feiticeiro e guardião, e ambos têm regências distintas sobre os elementos terra e fogo.

Obaluaê é o Sol (fogo), a quentura do astro rei que abrasa a terra. Também se refere ao interior do planeta, onde o fogo faz a Terra magma incandescente, sustentador de toda a vida no orbe. Pensemos que, nas reentrâncias mais profundas de nosso Eu Real, a chispa divina habita incólume e saudável, perene e imortal; é o nosso Espírito imortal, núcleo gerador de cura para os males quando nos reconectamos com essa essência sagrada. Ao contrário, o "afastamento" nos causa as mais diversas doenças. Logo, Obaluaê relaciona-se com o funcionamento do organismo e rege a saúde.

Entendamos saúde sob o prisma espiritual, metafísico. Temos um veículo perene de expressão, o corpo astral – perispírito. Os processos de moléstias físicas são depurativos desse envoltório mais sutil, que num efeito de repercussão vibratória escoa as enfermidades para a contraparte orgânica, que de regra as trazemos de vidas passadas. Esquecemo-nos que cada vez que morremos e voltamos a nascer, é como se trocássemos um paletó. A vestimenta externa é o corpo físico, que mudamos a cada novo nascimento.

Omulu é a terra fria, simbolicamente a sete palmos da superfície, indicando a velhice e a morte como ciclos naturais equilibradores da existência humana. É o Senhor da Terra para onde todos nós voltaremos, daí sua ligação no Brasil com a morte, atributo que originalmente na África é atribuído a Ikú, outro Orixá do panteão.

Assim como a crosta planetária "transpira" do interior, esse Orixá está presente em nossa pele, no suor, nas coceiras, dermatites e dermatoses. É o Orixá considerado o Grande Curador, o que leva as doenças embora. Está presente nos leitos hospitalares, nas casas de saúde, nos consultórios médicos e ambulatórios. Enfim, se encontra onde estão os enfermos.

Nanã (água)

Orixá de origem simultânea à gênese mítica nagô – a água parada, quando o "saco da criação" foi trazido para o planeta, que já estava feito, no ponto de contato entre o elemento aquático e a terra, a lama e os pântanos, fundamentos de Nanã. Afinal, fomos criados por Oxalá pelo barro primordial, emprestado por Nanã, e a terra nosso corpo físico retornará. A essência mente-Espírito se liberta e volta ao Orum – plano sobrenatural.

Nanã é Orixá primevo, que participa diretamente da "fabricação" cósmica dos Espíritos. Quando nossa essência sagrada, chispa divina, foi criada, ela veio gradativamente sob um influxo (impulso) incontrolável que a fez rebaixar-se até os planos das formas, notadamente ao mundo astral. Daí a necessidade de formação do corpo astral, veículo adequado à manifestação da consciência – Ori – nessa dimensão vibratória, que consequentemente é o molde que modela nossos corpos físicos.

A porção de matéria primordial astralina que se aglutina no entorno do corpo astral, "penetrando" nosso perispírito e dando forma orgânica aos atuais corpos humanos, é o "barro" que Nanã emprestou para Oxalá, o Oleiro Divino, modelar-nos. Esse *quantum* de energia condensada retornará à mãe terra, domínio vibracional de Nanã, após a morte física. A "massa" fornecida no começo da nova vida humana retorna à sua origem quando finda nosso tempo terreno.

Nanã é o "ventre-mãe" de todas as gerações, pois ela forneceu o barro primevo para Oxalá "fabricar" os corpos humanos. O processo de travessia da dimensão material para o plano espiritual, a viagem final que nos levará a aportar do "lado de lá", como se atravessássemos um rio de lado a lado, é regida por esse Orixá. Somente o desencarnado "desocupa" a crosta terrena, deixando de estar morto, quando o portal de Nanã, que dá passagem à nova morada, for aberto.

É a mais antiga das "divindades" das águas, das fontes hídricas subterrâneas que fertilizam a terra, representando a memória ancestral da criação divina. Nanã é o princípio, o meio e o fim da existência terrena humana; o nascimento, a vida e a morte. É o começo, o barro e o solo fértil gerador de alimentos; é o meio, o organismo saudável que propicia a realização dos destinos humanos no plano concreto; é o fim do ciclo, o cadáver em putrefação que vira húmus que alimenta a terra e a renova para o reinício de outro ciclo de renascimento, seja aqui, seja do "lado de lá".

A morte faz parte da natureza, da impermanência cósmica que permeia todas as formas criadas, condição para todos os reinícios, em que o fim e o recomeço se tocam, até que acordemos para a verdadeira realidade do Espírito imortal.

Fogo: Ogum e Xangô

Ogum (terra)

Na cosmovisão de origem, é considerado o "deus" do ferro, da metalurgia e da tecnologia, bem como ao que se relaciona a terra, afinal, o ferro dela é extraído.

Ogum domina o fogo e a forja, transformando o minério bruto em instrumento útil para o manejo e progresso dos homens. Manejar a forja quente simboliza ser mestre da vontade, e não ser conduzido pelo desejo sem razão. Representa a vida pujante em sua plenitude, a vontade equilibrada direcionada para realizar e obter conquistas que permitam a liberdade emocional. É o Senhor dos caminhos agindo, abrindo nosso senso de percepção interno para conseguirmos vencer nossas fraquezas e mazelas psíquicas que nos embrutecem como o ferro. Todavia, nossas aptidões inatas e adquiridas são forjadas na quentura da vida e, por vezes, é inevitável que tenhamos conflitos e demandas. O poder de vontade de Ogum não pode nos faltar.

É o Orixá que vence as demandas, que abre os caminhos e vem na frente para nos defender de todo mal. Ele está ligado à vontade, atitude, perseverança, persistência e tenacidade. É a vibração que nos impulsiona à sobrevivência e não atua apenas nas situações de conquista e vitória em nossas lutas diárias. Sem reino vibratório específico, atua na defesa de toda a natureza. Assim como veio na frente de Oxalá para completar a criação, assim o poder de realização de Ogum está em todos os lugares.

Na Umbanda, não usamos regularmente a expressão "qualidade de Orixá", mas comumente conceituamos como desdobramento para caracterizar a fusão de dois ou mais Orixás num determinado momento de manifestação das forças da natureza, sem que se perca o vínculo com o Orixá que primeiro originou esse desdobramento ou cruzamento vibratório. São reinterpretações comuns no meio umbandista que não nos faz perder o empoderamento com os atributos originais dos Orixás – muito pelo contrário, os fortalecem.

Assim, temos os principais desdobramentos de Ogum, ou seja, o poder de realização pela vontade, que impulsiona a luta, a conquista e a vitória, vibrando ou cruzando em harmonia com os demais Orixás:

Ogum Megê – trabalha em harmonia com Omulu, em todo trabalho que envolva a energia da terra e o combate à baixa magia. Está presente nos assuntos atinentes ao desmanche de magia.

Ogum Rompe Mato – entrecruzamento com Oxóssi, está presente nos assuntos pertinentes às resoluções rápidas, que exigem foco na busca de concretização de nossas metas.

Ogum Beira-mar – atua na orla marítima em harmonia com Iemanjá e está presente nos assuntos atinentes à conquista material e às demandas astrais que devem ser escoadas com o elemento água salgada.

Ogum Iara – cruzamento na cachoeira em harmonia com Oxum. Esse desdobramento de Ogum está presente nos assuntos atinentes às conquistas que exigem harmonia de relacionamentos e diplomacia no trato interpessoal.

Ogum de Lei – esse desdobramento de Ogum com Xangô está presente nos assuntos pertinentes à Justiça Divina e à execução das demandas judiciais.

Há outros desdobramentos, como Ogum Naruê, Ogum Matinata, entre outros, mas descrever todos fugiria da finalidade desta obra.

Xangô (terra e ar)

Etimologicamente, Xangô é uma palavra de origem iorubá, em que o sufixo "Xa" significa "senhor", "angô" (AG + NO = "fogo oculto") e "Gô" pode ser traduzido para "raio" ou "alma". Assim sendo, "Xangô" significaria "senhor do fogo oculto".

É o Orixá que domina o mais intenso e poderoso de todos os elementos da natureza: o fogo. O poder de realização de Xangô é simbolizado magistralmente no raio que corta o céu, cai e marca a terra; a transforma, ilumina os caminhos, faz-nos procurar proteção. Significa as percepções profundas que vêm do inconsciente, alertando-nos de possíveis equívocos não percebidos – sem discernirmos –, atos injustos que estamos cometendo.

É Orixá da "quentura", força impulsionadora do dinamismo que a vida exige para que tenhamos realizações em conformidade ao nosso propósito existencial. Não por acaso, a maioria dos compêndios espiritualistas mencionam o Espírito como uma "chispa", uma fagulha, que faria parte de uma labareda ou fogueira maior, o próprio Deus.

Não temos como fugir da "luta", das "batalhas" e "guerras" para a sobrevivência humana. Até os dias atuais, continuamos nos esforçando para conquistar terras alheias, como reis despóticos, esquecendo-nos de conquistarmos a nós mesmos. Claro está que existe competição na sociedade moderna e que se não soubermos nos defender, seremos humilhados com possibilidade de sermos "sacrificados" sem nenhuma piedade, tal a violência e insegurança que vivemos.

Jesus disse: "Eu vim para trazer fogo sobre a terra, e como gostaria que já estivesse em chamas. Tenho, porém, que passar por um batismo e muito me angustia até que se consuma". Fogo sobre a terra representa os desafios do Espírito reencarnado. Nossa programação de vida contempla muitos desafios, como se fôssemos colocados em "chamas". Muitas são as barreiras, os reencontros, as armadilhas e os fracassos numa breve vida humana. Todavia, mesmo que fiquemos angustiados, lembrando que o Divino Mestre se angustiou diante de sua hercúlea missão terrena, o poder transmutador do fogo – nosso Espírito – faz-nos "arder", tal ainda o primarismo consciencial e a recorrência de atitudes equivocadas quanto ao cumprimento de nossos propósitos de vida.

A Lei Divina é maioral, impõe ações retificativas nos egos aprisionados no ciclo humano de renascimentos sucessivos – não confundamos com punição. Ocorre que recebemos liberdade para escolhermos (semeadura), todavia seremos os responsáveis por nossos atos (colheita). Assim, como o magma quente abrasa a terra quando emerge das profundezas, o calor das vicissitudes do homem esquenta a fria indiferença aos outros, escoimando seu egoísmo.

O Eu Real conspira sempre a nosso favor. Diante dos conflitos da vida, pontualmente do inconsciente são liberados recalques, medos e traumas fossilizados, que dão calor à vida, provocam catarses e nos empurram ao melhoramento íntimo e aprimoramento do caráter.

O entendimento do encadeamento de nossas ações e reações, que estabelecem uma relação de causa e consequência no sentido de ascensão espiritual – equilíbrio cármico –, é indispensável para que iniciemos o processo de liberação da Terra, para adquirirmos o direito de renascermos em planos superiores. É preciso queimar velhas manias, defeitos, atavismos e imperfeições filhas do ego, para que possamos vencer a nós mesmos. Estamos na existência terrena para convivermos com os desafetos, equacionar desajustes que geraram desarmonia cósmica, tantas vezes quanto tantas estrelas existem no infinito, até que nos façamos fênix, que sobrepuja as cinzas deixando-as no chão, reconstruindo nossa "casa, reparando o templo interno, nosso Ori – consciência –, e por ressonância sutilizando nosso corpo astral.

O oxé – machado ritual – de Xangô corta indistintamente para os dois lados, sendo equânime e justo; quem deve paga, quem merece recebe. Então, não nos esqueçamos facilmente disso, pois ele pode cortar contra ou a nosso favor. Afinal, quem maneja adequadamente o que planta, dentro da Lei Divina, não receia a colheita. No aspecto esotérico mais profundo, é o Orixá regente da Lei de Ação e Reação, com suas causas e consequências, julgador implacável de nossos atos.

Água: Iemanjá, Oxum e Obá

Iemanjá (terra)

Quando da união dos arquétipos dos elementos primordiais (ar, terra, fogo e água), em que tudo estava feito e cada Orixá se encontrava "possuindo" a natureza criada, Oxalá, respondendo diretamente às ordens de Olurum, criou o ser humano. A significação dos mitos de Oxalá fica mais compreensível e nítida quando estudadas juntamente com os de Iemanjá. Em muitos enredos, esses dois Orixás estão juntos na Gênese Divina. Ambos representam, respectivamente, o ar e as águas de origem, nos primórdios da criação. Enquanto Oxalá é síntese do poder genitor masculino, Iemanjá representa o poder genitor feminino. Por isso, Iemanjá é a mãe da humanidade.

Orixá que rege as águas. No Brasil ficaram consagradas as águas salgadas como sendo seu reino vibrado. Podemos fazer uma inferência com as profundezas dos oceanos como o arquétipo do nosso inconsciente, o Eu Real ainda desconhecido. Seus poderes de realização agem sobre a maternidade (a mãe que educa) e a saúde mental e psicológica.

Existe uma narrativa mítica que descreve os cuidados de Iemanjá para com Oxalá, que se encontrava "fraco" da cabeça. Iemanjá cuidou de Oxalá e ele se restabeleceu. Por isso, é considerada a mãe de todos os Oris.

Preside a formação da individualidade e a percepção de si mesmo, regendo os processos mnemônicos alojados no inconsciente profundo que afluem para o consciente. Está presente em todos os ritos de firmeza e fortalecimento de Ori. Rege todas as águas do planeta, sejam de rios, lagoas ou mares. É a mãe de todos os filhos, a Mãe do Mundo. Vibra em todos os seios que amamentam protuberantes e cheios de leite quando o influxo vibratório – axé – não encontra bloqueios.

Iemanjá é o grande espelho da humanidade, matriz refletora dos arquétipos coletivos que nos educam, sobretudo para que exploremos as profundezas de nossas potencialidades inatas ao Espírito, adormecidas nas profundezas do inconsciente. Afinal, quando seremos deuses?

Oxum (terra)

Generosa, digna e cheia de candura. Oxum é a "dona" da fecundidade das mulheres, mãe doce, protetora das crianças, especialmente dos fetos, pois vibra intensamente durante a gestação. Ela "zela" pelos renascimentos desde o ventre até por volta dos 7 anos, quando "entrega" para Iemanjá a regência da educação, a mãe que tem o dever de ser a primeira professora, o modelo de vida.

É a grande dama do amor e da fecundidade. Rainha de todos os rios, fontes, cachoeiras e cascatas. Com suas águas, fertiliza a terra árida, assim como as mulheres fecundas formam as placentas. Os povos são símbolos da gestação, e o mel de abelhas, da fertilidade, ambos os elementos são desse Orixá.

A senhora do mel, da doçura e da candura, assim é Oxum. Não por acaso, as abelhas simbolizam a diligência, a cooperação, a nobreza e o amor da união. Observemos que as colmeias são matriarcais, giram em torno de uma rainha Mãe, a realeza do poder genitor feminino, assim como Oxum é maternal, a divindade da fertilidade e da gestação.

O mel está associado à doçura, prosperidade e abundância. O simbolismo da abelha também representa o Cristo (amor e compaixão). Por outro lado, o ferrão relaciona-se à justiça e à verdade, ao qual Jesus foi fiel até o último suspiro humano. É o "ouro" vegetal, utilizado na dieta humana desde os primórdios. Quando usado em unção, busca a conexão com atributos de riqueza e progresso espiritual. As libações de mel, comuns na Umbanda, sob o manto vibratório de Oxum, visam firmar a ligação com os Guias e Falangeiros na coroa mediúnica dos adeptos e harmonizar o ambiente, acalmando os ânimos e unindo a corrente.

Oxum é a energia equilibradora de nossas emoções, que impulsiona a aproximação com o próximo, abrindo nossa afetividade a um estado receptivo ao relacionamento com o outro. É força que higieniza nosso campo mental de cristalizações em pensamentos mórbidos e libera-nos de emoções desajustadas, gerando novas oportunidades e reciclagens para interagirmos com o meio que nos cerca, sejam psicológicos, sociais ou mentais.

É a estratégia implementada com doçura, mas não menos firme e determinada que qualquer outro Orixá do fogo. Seus filhos de cabeça carregam grande sensibilidade mediúnica e, geralmente, são excelentes dirigentes de terreiro.

Obá (fogo)

Orixá regente das águas revoltas, ou seja, as águas agitadas, assim como o fogo a faz borbulhar na fervura. A turbulência, que agita as águas, a "pororoca", o encontro das águas, que se chocam e se agitam. Traz a paixão violenta, que vai até as últimas consequências para a conquista. Seu elemento principal é a água, mas é também afim com o fogo por sua impetuosidade e capacidade de incendiar os ânimos.

Tem ação sob a terra. Fortemente se relaciona com o magnetismo telúrico e não dá um passo em falso terreno, sendo metódica e disciplinada. Finalmente, pelo dinamismo e atuação sobre os quiumbas (obsessores), o ar a responde com força, como se os desencarnados fossem ventos. O sopro de Obá os domina, assim como Iansã o faz.

Nem sempre a vontade de guerrear é destrutiva, especialmente quando é parte de uma inquietação causada pela injustiça, como o preconceito que leva à subjugação do outro, ao abuso emocional e psicológico. Notadamente, Obá guerreia pela igualdade de gênero, entre homens e mulheres, buscando equilíbrio nas diversas relações psicobiossociais, almejando a paz entre os litigantes.

Obá é o Orixá da guerra. Na verdade, é a própria guerra, pois estabelece as condições para o campo de batalha existir quando a causa é justa. É energia divina e criativa que reside internamente em cada um de nós e é despertada quando sentimo-nos injustiçados, sendo mais intenso nas mulheres.

Lamentavelmente, ainda o sexo feminino sofre violência diariamente no planeta, e existem regiões que há escravidão sexual. Nossa sociedade é machista, e o grito de guerra pacífica contra a exploração das mulheres exige rupturas com as atitudes e ações injustas. Esse impulso volitivo parte do poder de realização de Obá.

Podemos afirmar que, em muitos atributos psicológicos, Obá é semelhante a Xangô, sendo espelho desse Orixá do fogo. Obá desconhece o medo, é prática, objetiva e corretíssima. É o Orixá das "causas perdidas", e todo aquele que precisar recorrer para resolução em uma instância superior de justiça, pode auferir o poder de realização dessa divindade. Todavia, sua força sagrada só ajuda os injustiçados. Se a decisão em primeira esfera foi correta, não se apela para Obá, pois o "tiro pode sair pela culatra". É o Orixá mais belicoso com a litigância de má-fé, o falso testemunho e o perjuro. Assim é a padroeira dos advogados humanitaristas que patrocinam causas justas em favor de todos.

Constitui o estereótipo de forte temperamento, a guerreira em favor das igualdades sociais, econômicas, étnicas e de gênero. No encontro das águas agitadas e revoltas, simboliza a busca de consenso num mesmo propósito, embora por vezes somente "indo à guerra" se consegue a paz.

Obras de Norberto Peixoto utilizadas como referência

A Umbanda é de todos – manual do chefe de terreiro, 2ª ed., Legião Publicações/Besouro Box, 2017.
Apometria, os Orixás e as linhas de Umbanda, 5ª ed., Legião Publicações/Besouro Box, 2019.
As flores de Obaluaê – o poder curativo dos Orixás, 2ª ed., Legião Publicações/Besouro Box, 2018.
Cartilha do médium umbandista, 2ª ed., Legião Publicações/Besouro Box, 2018.
Encantos de Umbanda – os fundamentos básicos do esoterismo umbandista, 3ª ed., Legião Publicações/Besouro Box, 2017.
Estrela guia – o povo do Oriente na Umbanda, pelo Espírito Pai Tomé, Legião Publicações/Besouro Box, 2020.
Exu – o poder organizador do caos, 3ª ed., Legião Publicações/Besouro Box, 2019.
Iniciando na Umbanda – a psicologia dos Orixás e dos cristais, 3ª ed., Legião Publicações/Besouro Box, 2019.
Magnetismo na casa umbandista – a saúde integral do ser, 2ª ed., Legião Publicações/Besouro Box, 2019.
Mediunidade de terreiro, pelo Espírito Ramatís, 2ª ed., Triângulo, 2020.
No reino de Exu – a retificação do destino, Legião Publicações/Besouro Box, 2018.
O transe ritual na Umbanda – Orixás, Guias e Falangeiros, 2ª ed., Legião Publicações/Besouro Box, 2019.
Os Orixás e os ciclos da vida, 4ª ed., Legião Publicações/BesouroBox, 2019.